Get Claim,
You Should Do Like This

理赔,
你应该这样做

小雨伞保险经纪 ◎编著

机械工业出版社
China Machine Press

图书在版编目（CIP）数据

理赔，你应该这样做 / 小雨伞保险经纪编著. — 北京：机械工业出版社，2022.8（2024.11 重印）

ISBN 978-7-111-71714-0

I. ①理⋯ II. ①小⋯ III. ①保险－赔偿－基本知识 IV. ①F842.3

中国版本图书馆CIP数据核字（2022）第180966号

保险理赔是判断保险产品质量、实现保险产品价值的关键，在保险的实际理赔过程中，对大多数非法律与金融专业的保险购买者来说，如何维护自己的权益，在出险后获得应得的补偿，是一个棘手而关键的问题，但这些关键问题却恰恰是保险产品投资者教育中缺失的部分。本书汇聚了保险领域专家的实际操作经验，对保险理赔中晦涩难懂的保险条款、健康告知以及专业理赔问题进行了简洁、清晰的说明，使读者可以快速掌握保险理赔的原理，读懂保险合约，避开理赔误区，明明白白买保险，清清楚楚拿到理赔款。

理赔，你应该这样做

出版发行：机械工业出版社（北京市西城区百万庄大街22号 邮政编码：100037）
责任编辑：顾　煦
责任校对：韩佳欣　李　婷
印　　刷：北京建宏印刷有限公司
版　　次：2024年11月第1版第4次印刷
开　　本：147mm×210mm　1/32
印　　张：8.25
书　　号：ISBN 978-7-111-71714-0
定　　价：49.00元

客服电话：（010）88361066　68326294

版权所有・侵权必究
封底无防伪标均为盗版

赞 誉

保险理赔是保险补偿职能的具体体现，做好理赔服务是各保险公司积极履行社会责任的重要工作。国富人寿始终遵循"不惜赔、不烂赔"的理念，尽最大可能为消费者提供快速、便捷、温暖的理赔服务。本书结合案例从理赔实务出发，让广大消费者能进一步了解理赔，值得参阅。

——储良　国富人寿总经理

如何理赔得又快又好？看《理赔，你应该这样做》。如何降低理赔成本？看《理赔，你应该这样做》。如何做好专业行销顾问？还得看《理赔，你应该这样做》。

——陈卓　长城人寿总精算师

保险理赔是保险服务的真正起点，是保险价值的最根本体现。本书通过富有代入感的理赔案例讲解，让我们身临其境地探知保险理赔的规则和流程，消除对保险理赔的误解，避开理赔误区。通过阅读本书，保险消费者可以更放心购买保险产品，保险从业人员也会更有信心销售保险产品。

——胡锋　和泰人寿副总经理

保险的初心是为个人客户提供未来保障，为企业客户提供稳定经营保障，理赔是保险经济补偿功能的最终体现。小雨伞保险经纪不仅为客户选择合适的保险产品，而且主动为客户提供贴心的理赔服务，接到客户理赔报案后会及时与我们沟通协调，共同给客户提供快、易、暖的理赔服务。保险理赔对部分人群来说还是一个较为陌生的领域，《理赔，你应该这样做》将常见的理赔问题通过通俗易懂的语言进行诠释，既普及了理赔知识，也对化解客户与保险公司之间的小误会有一定的促进作用。

——霍康　小康人寿执行董事

以终为始，以行为知。本书基于翔实的实操理赔案例，为消费者开展了一场很好的保险理赔通识教育。本书理论和实践相结合，深入浅出地指引互联网用户快速而系统地一窥保险理赔"秘盒"，有助于普及保险常识，降低信息不对称，消除误解，提升互联网保险用户体验。

——侯文才　美国再保险公司上海分公司总精算师

理赔是人们买保险时高度关注的问题，也是体现保险保障功能、服务民生的核心环节。对理赔的前置沟通和正确理解，可以很好地避免保险购买过程中和购买后的疑问，这也是我们保险公司想要做的事情。

——凌立波　恒安标准人寿副总经理

保险理赔的流程、条件往往会给消费者造成困扰。《理赔，你应该这样做》通过通俗易懂的讲解，以及丰富的案例，对这些问题给予了非常好的解释，无论对从业者还是消费者都大有裨益。

——李驭　爱心人寿总精算师

理赔是保险真切产生客户价值的直接环节，正如雨伞的意义在于雨天。本书用生动的案例，帮助读者更全面地了解理赔，并能高效处理理赔，帮助家庭在突如其来的"暴雨"中准确、快速地撑起一把"伞"，是一本有温度的"撑伞"指南，推荐大家阅读。

——兰亚东　横琴人寿董事长

随着社会发展，保险越来越普及，老百姓拥有各种类型保单已经成为普遍现象。但保险购买后，发生了理赔案件怎么办？小雨伞保险经纪团队推出的《理赔，你应该这样做》一书，给大家提供了客观科学的知识和方法，使每一张保单都能真正发挥保障的作用。

——娄道永　燕道（宁波）数据科技有限公司创始人兼 CEO，首批中国精算师保险理赔是保险经济补偿功能的实现路径，但这一环节也会被很多人误解。本书从具体案例入手，深入浅出，让客户和从业者都能更好地理解理赔、熟悉理赔，也能够通过理赔案例，对自身保险需求有一个精确的判断，同时，本书对客户科普和行业良性发展也起到了积极效果。

——**罗振华　华贵人寿总经理**

保险理赔的专业性强，复杂程度高。这本书可以让你快速对理赔有所了解，甚至在一定程度上，对于买到适合自己的保险产品也有一定帮助。

——**聂方义　北美精算师、注册金融分析师、注册另类投资分析师**

小雨伞保险经纪中的"雨伞"二字很好地体现了公司所处行业为老百姓"遮风挡雨"防范风险的行业功能和社会责任。本书介绍理赔知识，是为了使"雨伞"能更好地替老百姓遮挡风雨。

——**沈逸波　长生人寿总经理**

对于用户而言，保险理赔是低频事件，更是陌生事件。本书急用户之所急，想用户之所想，让保险理赔不陌生，更简单。

——**沈喆颐　和谐健康保险股份有限公司总经理**

没有理赔，就没有保险。理赔是在客户心里建立对保险信任最直接、最重要的方式，甚至可以说是唯一的方式。《理赔，你应该这样做》可以帮助你对保险和理赔有一个完整的认知。

——田鸿榛　富德生命人寿总精算师、副总经理

保险理赔知识的普及有助于保险消费者树立正确的保险认知，选择适合自身需求的产品，合理并充分维护自身权益。同时，普及保险理赔知识可以拉近客户与保险公司的距离，消除误解，增进互信，对客户和行业发展都是有益的。

——谭宁　信泰人寿董事长

小雨伞保险经纪一直致力于普及保险知识，引导客户改变对传统保险行业的固有认知，提升客户对保险行业的信任度，推动社会保险意识的提升，为促进中国互联网保险业务的发展做出了巨大贡献。

本书言简意赅、深入浅出地讲解了理赔知识。书中不仅有深刻的概念讲解，也有对影响深远的社会事件的独到见解，更有鲜活的具体案例分析，让读者在获取保险知识的同时逐步理解理赔在保险行业中的重要核心地位。此外，为了让读者对理赔有更深刻的认识，书中还收录了许多理赔调查技术、风控手段，让骗保骗赔无所遁形。总体来说，这是一本了解保险理赔、学习理赔知识、提高理赔效率的优秀图书。

——王晖　法国再保险北京分公司
寿险健康险总经理

本书的价值就在于，用深入浅出的语言降低了保险条款中专业术语的阅读门槛，用大量鲜活的案例为改善理赔体验提供了有益的参考。无论对于消费者还是保险从业人员，本书都是值得一读的好书。

——王健　昆仑健康总裁

保险理赔关乎行业品牌，理赔知识的科普解密对树立大众科学理赔观至关重要。高质量理赔不仅能让客户受益，增强客户与保险公司、合作平台的黏性，也必将促进行业实现高质量发展。

——王修文　北京人寿总经理

投保人投保的主要目的就是获得理赔，有相当长一段时间，大部分的保险人都把主要精力放在销售上，这才有了保险业的两大顽疾：销售误导和理赔难。

《理赔，你应该这样做》把理赔的四个要点和几大险种的理赔关键点结集出版，为攻陷理赔难做出了实实在在的贡献，谢谢小雨伞保险经纪的小伙伴们，相信你们的努力会有回报。

——谢跃　茶道燕梳创始人兼 CEO

理赔是保险的终端环节，也是建立客户与保险公司信任的桥梁。这本书有利于读者（客户）了解理赔的各个环节，让客户对理赔更有信心，也让保险公司有足够自信应对客户的质疑。

——叶桂卿　鼎睿再保险公司人寿及健康险负责人

2021 年，我国保险业保险保障功能不断增强，赔付 1.6 万亿元，理赔金额充分诠释了保险作为社会"稳定器"和经济"助推器"的含义。理赔难不难？看看本书给读者的提示。

——**姚凯　弘康人寿运营总监**

我们和小雨伞保险经纪合作，是基于双方共同的价值观，为用户提供好的产品和服务。这本书从实操角度出发，让用户对理赔更了解，可以看出小雨伞保险经纪做好服务的决心，这种决心是整个行业希望看到的，也是我们的目标。

——**赵宇平　阳光人寿总精算师**

推荐序一
明白买、放心赔，踏实做好保险服务

小雨伞保险经纪创始人兼执行董事　光耀

2020 年，小雨伞保险经纪团队编写了一本教普通消费者如何购买保险的图书《做自己的保险规划师，明明白白买保险》，获得了行业同仁以及消费者非常多的正面评价，这是激励我们筹划第二本保险科普图书的动力。

2021 年，经过详细的论证和思考，我们重新梳理了小雨伞保险经纪的口号——"明白买、放心赔"，因为我们深刻地知道，保险选购和保险理赔同等重要。于是，当我和团队开始筹划第二本保险科普图书时，我们以"传递保险理赔基础知识"为锚点。经过近两年的时间，《理赔，你应该这样做》终于揭开面纱，与大家见面了。

曾几何时，保险被认为是被卖出去的，整个行业在一定程度上存在"重营销、轻理赔"的状况。保险本身的特殊性决定了保险理赔发生的频次较低，因而保险理赔体验也不像普通商品那样容易产生获得感，从而导致大众对保险理赔知识的了解不够。我个人深知保险既属于金融业，也属于服务业。从服务角度来讲，准确、高效地解决客户的问题是行业重要的环节。小雨伞保险经纪从成立以来，就非常重视客户的售后、理赔体验问题。在过往近10年的公司成长历史中，团队同事处理了各种各样的理赔案件。同时，小雨伞保险经纪还与多家保险公司达成合作，对于部分小额医疗险理赔案件，经用户理赔授权后，小雨伞保险经纪会给用户先行垫付小额理赔款，这个服务体系我们定义为"闪赔"。经过几年的运行，"闪赔"服务已成为平台用户反馈最好的服务之一。在理赔环节，小雨伞保险经纪还聘请了第三方专业保险公估公司——百泓保险公估公司负责检验、查勘、估损理算等专业工作。

小雨伞保险经纪一直聚焦人身险，在人身险理赔上积累了丰富的经验，于是我们把过往比较典型的理赔案例整理为理赔实录。在本书的章节安排上，重点聚焦人身险的理赔内容，包括意外险、医疗险、重疾险、寿险四章，最后一章还补充了部分车险理赔内容。本书的完成也要感谢创信保险销售有限公司专业同事的支持，他们为本书成文定稿贡献了宝贵的理赔实录案例，希望本书能让各位读者有所收获。

推荐序二
做高质量的保险科普

中国银行保险传媒股份有限公司党委书记、董事长
《中国农村金融》杂志社党委书记、社长　朱进元

很荣幸受小雨伞保险经纪创始人光耀先生的邀请,为《理赔,你应该这样做》一书作序。

首先,我欣赏这本书的实用性。对于保险消费者,《理赔,你应该这样做》是一本很实用的书。很多情况下,消费者感觉"理赔难",是因为理赔资料准备不齐全,导致保险公司不能顺利进入理赔程序。究其原因,一方面是保险公司讲解不到位,服务不够细致,另一方面是消费者在准备材料时手忙脚乱、丢三落四。本书特别在第一章用一节的篇幅教给消费者如何准备理赔资料,即"理赔的资料,手把手教你准备"。资料备齐了,消费者不用一趟又一趟地跑,理赔也就不难了。本书从第二章到第六章,分别介绍了意外险、医疗险、重疾险、寿险和车险。这里没有按照专业教科书上保险险种的分类展开论述,而是选择保险消

费者日常接触较多的险种进行介绍，可谓用心良苦。

其次，我欣赏这本书的科普性。光耀说，这是一本关于保险理赔的科普书。我很认同。

保险是科学吗？我认为是。

保险建立在大数法则的基础之上，它本身就是一门科学。人们运用这门科学来应对人身风险和财务风险。人类在面对风险时，有很多种解决方案，保险不是唯一的，却是尤其独特、科学的制度安排。

理赔是保险这一科学制度安排中不可或缺的一环。在理赔过程中，保险人依约履行保险责任，被保险人或受益人依约享受保险权益，理赔使保险分散风险、实行经济补偿这一基本功能得以实现。

理赔需要科普吗？我认为很有必要。

随着社会文明程度不断提高，保险普及程度也不断提高；由于保险普及程度提高，理赔被越来越多的人认知。如果这时候没有准确、专业的科普，错误的信息就会左右人们的意识。而错误的信息一旦被接受，想要扭转就要付出非常大的代价。

在相当长的一个时期，人们提到保险，就会谈到"理赔难"。理赔难，有保险公司服务不到位的原因，也有保险消费者缺乏保险知识、对理赔存在误解的一面。保险公司创新服务固然重要，帮助消费者树立正确的理赔观念也不能忽视。因此，保险业内的专业人士有必要从数量、质量和可及性等方面，去满足大众对于正确理赔知识的渴求。正确知识缺位，就给了伪科学传播的空间；正确知识武装了消费者的头脑，各种谣言就会不攻自破。

因此，我非常高兴看到一本由专业人士撰写的保险理赔科普读物。这说明保险业内人士意识到了保险科普的重要性，意识到除了做好保险业务，保险科普也是保险人的应尽之责。

认识到保险科普的重要性之后，提升保险科普的能力同样重要。保险作为一种科学的制度安排，有许多专用名词。这些专用名词用于业内人士之间的交流毫无障碍，可对于普通保险消费者却可能是"天书"。将"天书"翻译成广大保险消费者可以理解的语言，这是保险科普人要具有的一种能力。这需要不断地学习和提升。在保险科普方面，小雨伞保险经纪做出了有意义的尝试。

最后，我想谈一点建议。保险人做科普的时候，应该建立一支相对专业的作者队伍。队伍中的作者应该既懂保险，有很丰富的保险从业经验，同时又能掌握科普规律。保险科普是一个系统工程，需要这样一支专门的队伍按照学科特点和内容做好策划和安排。

高质量的保险科普难做，需要各方面的共同关注和投入。但是，即便再难，也值得付出心力去做。

推荐序三
为消费者答疑解惑

南开大学金融学院养老与健康保障研究所所长
南开大学卫生经济与医疗保障研究中心主任　朱铭来

保险理赔是保险制度发挥风险分担和损失补偿职能作用的重要环节，是保险实现社会价值的重要载体。随着我国保险业的快速发展，尤其是我国多层次医疗保障体系的搭建完成和健康保险领域改革的持续深化，保险制度在维护社会稳定和促进经济发展等方面的作用愈加凸显，包括保险理赔在内的各项保险业务活动也愈加受到老百姓的关注和重视。但是长期以来，保险理赔尤其是疾病保险、医疗保险等险种的理赔，因其专业性强、涉及面广和复杂程度高，让老百姓在短时间内难以熟悉和理解，常被认为是保险业务活动中最讳莫如深的事项，也导致了较多的误解甚至纠纷，对保险业平稳发展和保险保障作用的发挥产生了严重的不利影响。而本书则以通俗的语言、生动的文字与鲜活的案例，对保险理赔的基本知识要点，特别是对意外险、医疗险、重疾险、寿险和车险等险种理赔中消费者关注的主要问题，做了专业全面且通俗易懂的阐释与介绍，可以帮助保险消费者在较短的时间内，对保险理赔有一个直观和准确的认知，不仅能够在一定程度上消除消费者对保险理赔"神秘莫测"的误解，还能够指导消费者从容高效地处理保险理赔问题，不失为一本很好的答疑解惑的工具书。

目 录

赞誉

推荐序一

推荐序二

推荐序三

第一章　理赔
最不愿发生，却最需要了解的 4 个要点 / 1

第一节　赔偿和给付，它们是一个意思吗 …………… 1

第二节　理赔的时效和程序，你需要注意的那些事 ……… 8

第三节　理赔的资料，手把手教你准备 …………… 19

第四节　理赔的稽核，保险恶意欺诈不可取 …………… 28

第二章　意外险
不是所有的"意外"都能理赔 / 40

第一节　意外：你对"意外"认知真的准确吗 ………… 40

第二节　猝死：在意外险中到底能不能获赔 …………… 48

第三节　除外责任为什么是保险常见的拒赔理由 ………… 55

第四节　意外险理赔实录一：一场事故，痛失亲人，
　　　　交通安全人人有责 ………………………………… 64

第五节　意外险理赔实录二：刑拘！骗保被判 11 年 …… 69

第六节　意外险理赔实录三：意外摔伤身故，保险公司
　　　　却不予赔付，究竟是为什么 …………………………… 75

第七节　意外险理赔实录四：产后抑郁酿成悲剧，少儿
　　　　意外险是否会赔付 ………………………………… 81

第三章　医疗险
理赔似乎没有想象中的那么难 / 88

第一节　补偿原则：保额那么高，却赔得那么少 ………… 88

第二节　免赔额：小风险自留，大风险交给保险 ………… 93

第三节　责任免除：医疗保险中的 8 大约定免责事由 …… 97

第四节　医保目录：你需要知道的医疗险赔付范围 …… 106

第五节　医疗险理赔实录一：异地就医无法报销？
　　　　2 岁宝宝患肺炎，获理赔 3700 元 ……………… 113

第六节　医疗险理赔实录二：医疗保险千千万，
　　　　适合你的只有你知道 ……………………………… 122

第七节　医疗险理赔实录三：发票金额跟实际金额
　　　　对不上？揭秘赔付小要点 ………………………… 126

第八节　医疗险理赔实录四：病痛来临时，
　　　　"要钱"还是"要命" ……………………………… 132

第四章　重疾险
忽视这几点，理赔损失几十万元 / 137

第一节　得了癌症却不赔，不要用名字来判断重疾 ········ 137

第二节　首次发生并确诊能赔，首次发生或确诊拒赔 ···· 149

第三节　重疾险纠纷：宽限期内就诊、复效期内确诊
是否理赔 ··· 157

第四节　重疾险理赔实录一：3 岁女童患白血病，
保费 90 元，获赔 30 万元 ······························ 161

第五节　重疾险理赔实录二：夫妻互保豁免，给对方
稳稳的安全感 ·· 167

第六节　重疾险理赔实录三：新一代女性杀手
"乳腺癌"，绝处何以逢生 ······························ 171

第七节　重疾险理赔实录四：关爱父母，
从一份特定重疾险开始 ································· 178

第五章　寿险
意外险和寿险都有身故赔付，有必要买两份吗 / 184

第一节　身故保额限制：为什么孩子的身故保额会有
限制 ··· 184

第二节　责任免除：自杀可以理赔吗 ······················· 197

第三节　寿险理赔实录一：一家之主倒下，定期寿险
百万理赔金到账，给家庭带来新的希望 ·········· 206

第四节　寿险理赔实录二：年轻人加班猝死，定期寿险
怎么赔 ·· 212

第五节　寿险理赔实录三：为1000万元杀夫骗保，
　　　　保险公司赔还是不赔 …………………………… 220
第六节　寿险理赔实录四：银行保安中枪导致全残，
　　　　寿险怎么赔 …………………………………………… 225

第六章　车险
这样做才能快速解决问题 / 231

第一节　有人受伤了，请保持冷静 …………………………… 231
第二节　要申请理赔，应如何准备资料 …………………… 235
第三节　如何有效地和保险公司沟通 ……………………… 242

第一章　理赔

最不愿发生,却最需要了解的 4 个要点

第一节　赔偿和给付,它们是一个意思吗

胡适曾经说过:保险的意义,只是今天做明天的准备;生时做死时的准备;父母做儿女的准备。买保险,其实就是买安心。人的一生,会遭遇许多意外,有意外之喜,也有意外之伤,在突遭横祸的时候,一笔雪中送炭的保险金就显得额外重要,理赔是保险公司承保业务的最后一个环节,也是保险合同价值的最终体现。

简单地说,理赔是由投保人、被保险人或受益人向保险人索赔,到保险人赔偿或给付保险金的过程。保险人给予保险金的过

程，针对不同险种有不同的名称：财产保险称为赔偿，人身保险称为给付。

一、保险索赔和理赔的概念

保险人不可能一发生保险事故就立刻把保险金主动给予投保人、被保险人或受益人。在理赔之前，需要投保人、被保险人或者受益人发起索赔，这是理赔的必经步骤。

保险索赔，是指在保险合同中规定的保险责任范围内，投保人在保险标的遇到保险事故造成财产损失时，或者被保险人身体出现了伤病、残疾或死亡时，投保人、被保险人或受益人可根据保险合同条款的约定，提交保险事故相关证明资料，请求保险人承担赔偿或者给付保险金的法律行为。

《中华人民共和国保险法》(以下简称《保险法》)第二十二条：

> 保险事故发生后，按照保险合同请求保险人赔偿或者给付保险金时，投保人、被保险人或者受益人应当向保险人提供其所能提供的与确认保险事故的性质、原因、损失程度等有关的证明和资料。
>
> 保险人按照合同的约定，认为有关的证明和资料不完整的，应当及时一次性通知投保人、被保险人或者受益人补充提供。

保险理赔，是指在保险合同中规定的保险责任范围内，保险标的发生保险事故而使投保人财产受到损失或人身生命受到损害时，或保单约定的其他保险事故出现而需要给付保险金时，保险人根据合同规定，接受索赔申请，赔偿或给付保险金的行为。

《保险法》第二十三条：

保险人收到被保险人或者受益人的赔偿或者给付保险金的请求后，应当及时作出核定；情形复杂的，应当在三十日内作出核定，但合同另有约定的除外。保险人应当将核定结果通知被保险人或者受益人；对属于保险责任的，在与被保险人或者受益人达成赔偿或者给付保险金的协议后十日内，履行赔偿或者给付保险金义务。保险合同对赔偿或者给付保险金的期限有约定的，保险人应当按照约定履行赔偿或者给付保险金义务。

保险人未及时履行前款规定义务的，除支付保险金外，应当赔偿被保险人或者受益人因此受到的损失。

任何单位和个人不得非法干预保险人履行赔偿或者给付保险金的义务，也不得限制被保险人或者受益人取得保险金的权利。

简单地说，出险后，投保人、被保险人或者受益人向保险人提供证明资料，以获取保险金的行为，被称为"索赔"。保险人处理索赔请求，下达理赔结论的过程，被称为"理赔"。

各大保险公司每年（或半年）会出一份理赔报告，将理赔数据公之于众。买保险时很多人也会关注理赔金额、理赔人数等数据。由此可见，理赔对保险公司、对个人都至关重要。

二、财产保险和人身保险，赔偿还是给付

赔偿和给付，两者看起来很像，却对应着不同险种的理赔：财产保险理赔称作赔偿，人身保险理赔称作给付。它们都是指为了弥补风险造成的财产损失或人身生命损害而给予保险金的处理方式。

1. 财产保险理赔称作赔偿

（1）赔偿定义

赔偿是财产保险的理赔，是指在保险合同中保险责任范围内，当保险事故发生时，保险标的受损，对财产损失进行补偿的行为。

财产保险保障的是实物财产或无形财产，具体可分为企业财产保险、家庭财产保险、农业保险、货物运输保险和运输工具保险五大类，这些都可以找到一个客观计算价值的标准，比如2021年郑州暴雨时，超过40万辆车泡水，车是明码标价的，统计下来涉及64亿元的机动车辆保险（以下简称"车险"）赔偿。

（2）赔偿的四种方式：比例赔偿、第一危险赔偿、限额赔偿和定值保险赔偿

财产保险主要有四种赔偿方式：

1）比例赔偿：保险金额与出险时保险财产的实际价值的比值乘以损失金额。

实际赔偿保险金 = 损失金额 ×（保险金额 / 出险时保险财产的实际价值）

举个例子，暴雨造成某家庭实际损失100万元，保险金额为90万元，财产损失金额为60万元，则实际赔偿保险金等于54万[=60万×（90万/100万）]元。

2）第一危险赔偿：将保险标的价值分为两部分，第一部分为保险金额，第二部分为超出保险金额的损失。

保险人对第一部分全额赔偿,第二部分损失由投保人自行承担。

举个例子:暴雨造成某家庭财产损失100万元,保险金额为90万元。那么投保人可获90万元赔偿,10万元损失自己承担。

3)限额赔偿:分为超过一定限额赔偿和超过一定限额不赔偿两种。

超过一定限额赔偿:事先预定一个免赔额,超过免赔额部分才赔偿。比如河南暴雨造成某家庭财产损失100万元,绝对免赔额10万元,这10万元损失,由投保人承担,而超过10万元的部分即90万元损失可以获赔。

超过一定限额不赔偿:事先约定一个限度,在限度内的损失可获赔,超过限度损失自行承担。比如河南暴雨造成某家庭财产损失100万元,约定限度10万元,那么只可获赔10万元,超过10万元的部分,即90万元损失由投保人承担。

简而言之,两者都有一个限度,第一种情况,超过限度赔偿,不超过限度不赔偿;第二种情况,超过限度不赔偿,不超过限度赔偿。

4)定值保险赔偿:针对有些实际价值会随市场变动较大的物品,如珠宝、古玩等,保险人与投保人约定一个保险价值作为保险金额,出险时不论市价如何,保险标的损失多少,赔偿金最多不超过保险金额。

举个例子:保险人和投保人约定一箱珠宝的保险金额为10万元,运输途中遭到车祸,若珠宝不幸全碎了,则赔偿10万元;若珠宝一部分破损,大概价值5万元,则赔偿5万元。

2. 人身保险理赔称作给付

（1）给付定义

给付是人身保险的理赔，是指在保险合同中保险责任范围内，当被保险人伤病、残疾或死亡时，给予被保险人或受益人保险金的行为。

人身保险是以人的伤病、残疾或死亡为保险标的，没有客观的衡量标准，无法用金钱计算。当人身受到损害，需要出险时，保险公司只能按照保险合同约定的额度给予被保险人或受益人保险金。

（2）给付的三种方式：约定给付、医疗费用报销和医疗津贴

人身保险理赔，通常保险金有三种给付方式：约定给付（按保险合同约定额度给付）、医疗费用报销（报销型给付）和医疗津贴（补贴）。

1）约定给付是指保险公司根据保险合同约定的额度给付保险金的行为，这笔钱可用作医疗费、营养费、交通费或收入中断补偿等，常见于重大疾病险理赔。

保险金多为一次性向被保险人或受益人给付，身体达到某种约定状态即可给付，有可能治疗仍在继续，保险金已给付。

用某重大疾病保险举例来说，如果被保险人罹患保险合同中约定的某种重大疾病，符合给付标准，则按约定的180%保额给付。若投保50万元保额，则可获得90万（=50万×180%）元的给付。

一般来说，市面上大多重大疾病保险（以下简称重疾险）除保障重大疾病外，也会保障轻、中症：轻症按保额的30%给付，中症按保额的60%给付。若投保50万元保额，则轻症可获得15万（=50

万 ×30%）元的给付，中症可获得 30 万（=50 万 ×60%）元的给付。

附加险包括第二次确诊的恶性肿瘤——重度责任、第二次确诊的特定心脑血管疾病责任等，其对不同产品约定不同的给付比例，均为约定给付。

2）医疗费用报销是指被保险人先垫付在接受医疗服务时产生的各项费用（包括门诊或住院发生的挂号费、药品费、检查费等），待医疗服务结束后，向保险公司提供发票、诊断证明、药品明细等资料，进行报销。常见于医疗保险。

保险金为先自行垫付，后报销。先进行社保报销，再进行医疗保险报销。保险公司多在治疗结束后，扣除免赔额度，给付自付部分的保险金。

报销金额多与有无社保挂钩，有社保报销比例会稍高。多数百万医疗险对于已经经过社保报销的剩余费用，是 100% 进行报销的，而对于没有经过社保报销的费用只报销 60%。如果是以无社保身份进行投保的话，报销比例也是 100%，只是投保时保费会比有社保的人相对高一些而已。此外，报销金额还与免赔额度关联密切，免赔额度内，被保险人自行承担损失，保险公司不予给付。

例如，某百万医疗险一年保费为 160 元，免赔额为 5000 元。投保第 3 年，被保险人因踢球导致右手骨折，住院 15 天，共花费 4.5 万元，其中社保报销 1.5 万元，自费 3 万元。被保险人则可获得 2.5 万（=3 万 –0.5 万）元。

3）医疗津贴是指当被保险人因疾病导致收入中断或减少时，保险公司按照一定规则给付经济补偿。常见于医疗保险。

住院津贴是最为人熟知的医疗津贴之一，与实际发生的医疗费用无关。保险公司按照住院天数对被保险人进行补贴，最多不超过保险合同中约定的天数。

例如，某百万医疗险可选少儿一般意外住院津贴，无免赔天数，按200元/日的标准给付，累计最多给付30天。被保险人因踢球导致右手骨折，住院31天，可给付30天住院津贴，即6000（=200×30）元。

第二节 理赔的时效和程序，你需要注意的那些事

好雨知时节，一笔有效的保险金也需要在最恰当的时候拿到，保险公司的赔付效率一直是大家关注的重点。

上一节介绍了索赔和理赔的概念，本节将介绍《保险法》中关于索赔和理赔时效的相关规定，让大家拒绝"踢皮球"，学会用法律武器保护自己。提醒大家一些小细节，注意到这些会让保险金获赔更快。

一、理赔会不会越拖越久？法律规定索赔和理赔时效

1. 索赔时效

为了促使投保人、被保险人或受益人及时索赔，加快保险人赔偿或给付保险金的速度，充分发挥保险转移风险的作用，《保险法》规定了索赔的时效。超过时效没有提出索赔，则丧失保险金请求权，无法获赔。

投保人、被保险人或受益人保险索赔是有时效性的，一般来

说，人身保险必须在其知道或应当知道保险事故发生之日起五年内提出，其他保险必须在其知道或应当知道保险事故发生之日起两年内提出。

《保险法》第二十六条：

> 人寿保险以外的其他保险的被保险人或者受益人，向保险人请求赔偿或者给付保险金的诉讼时效期间为两年，自其知道或者应当知道保险事故发生之日起计算。
>
> 人寿保险的被保险人或者受益人向保险人请求给付保险金的诉讼时效期间为五年，自其知道或者应当知道保险事故发生之日起计算。

法律条文中的"知道或者应当知道"如何理解呢？一般来说，有两种解释。

第一种解释是，有证据可以证明，投保人、被保险人或受益人知道保险事故发生。

第二种解释是，投保人、被保险人或受益人可能不知道保险事故已经发生，但有证据可以证明，他们应当知道事故发生。比如没有及时处理短信、电子邮件、信件等通知事故发生的信息，发生了信息不同步的情况。

法律条文中的"保险事故"，也需要进一步解释一下，这里涉及一个概念，即"保险人对第三方的赔偿责任"。

当涉及第三方的赔偿时，"保险事故"并不是指事故本身，而是指法律认定保险人对第三方有赔偿责任。认定生效日起，索赔时效才开始计算。

例如，若孙先生在10月1日开车撞伤了行人小周，并于10月

5日认定孙先生负全责，需赔偿小周医药费2万元。由于本案涉及人身受伤，属于人身保险范畴，因此孙先生所驾驶车辆的机动车交通事故责任强制保险（以下简称"交强险"）就会从责任认定的10月5日起生效两年，因此，保险公司可替孙先生赔付所需的2万元。

2. 理赔时效

理赔时效是指自从保险人收到理赔申请及相关证明、资料至结案的时间段。不同保险的赔付时间不一样，小额医疗险、意外伤害保险（以下简称"意外险"）理赔涉及金额较小，所需资料也较少，理赔人员审核起来比较快，保险金获赔也快。

现在有些保险公司支持线上闪赔，理赔全流程网上操作，几千元的保险金可以在1小时之内获赔。

重大疾病保险、车险涉及金额较高，证明资料相对较多，常常涉及报案，需要说明保险事故发生的时间、地点、原因、出险人身份信息等。车险还需要工作人员到事故现场取证。理赔人员如实记录报案人所述信息，指导报案人填写理赔给付申请书。

虽然重大疾病保险和车险理赔流程较为复杂，但不代表保险公司可以一拖再拖，根据《保险法》第二十三条规定，理赔时效不应超过30日（合同另有约定除外），对属于保险责任的，保险人在与被保险人或受益人达成一致后的10日内，赔偿或给付保险金。如果延时赔付，则保险人应承担因延迟造成的损失。

如果保险事故情况太复杂，30日内无法确定理赔金额，法律也相应给出了宽限时间：理赔申请自收到之日起60日内，对可确定的部分先进行赔付，对未确定的部分，可适当延后赔付。

《保险法》第二十五条：

保险人自收到赔偿或者给付保险金的请求和有关证明、资料之日起六十日内，对其赔偿或者给付保险金的数额不能确定的，应当根据已有证明和资料可以确定的数额先予支付；保险人最终确定赔偿或者给付保险金的数额后，应当支付相应的差额。

二、理赔流程是怎样的

出险的时候，我们该怎么做呢？为什么保险公司要审核这么久？

看似简单的理赔，其实流程是很复杂的，我们需要做的事情比较简单：报案、准备资料、配合调查和收到理赔结论。保险公司所做的事情相对复杂，大致是报案受理，立案，审核、结案，通知客户领款（见图1-1）。

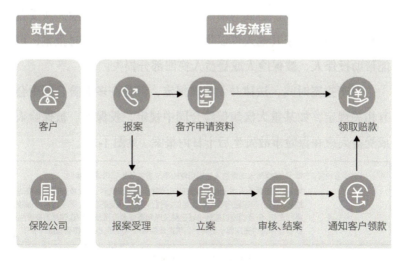

图1-1 理赔流程

1. 客户角度：我该做什么

（1）报案

保险理赔第一步就是报案，越早越好，事故证明、资料可以晚点准备。

关于报案，《保险法》第二十一条规定：

> 投保人、被保险人或者受益人知道保险事故发生后，应当及时通知保险人。故意或者因重大过失未及时通知，致使保险事故的性质、原因、损失程度等难以确定的，保险人对无法确定的部分，不承担赔偿或者给付保险金的责任，但保险人通过其他途径已经及时知道或者应当及时知道保险事故发生的除外。

简单地说，报案人可以是任何人，但投保人、被保险人或受益人三者报案是法定义务，保险事故发生后，应及时通知保险人，如果延时不报，造成的损失可能由投保人、被保险人或受益人自行承担。至于其他人可以报也可以不报，如果及时报案，可能帮助投保人、被保险人或受益人挽回部分损失。

对于报案时间，法律并无明确规定，但是许多保险合同中会有相关规定，如某重大疾病保险合同中规定，投保人、被保险人或受益人应在保险事故发生后十日内报案（见图 1-2）。

4.2 保险事故通知	请您、被保险人或受益人在知道保险事故发生后十日内通知我们。如果您、被保险人或受益人故意或者因重大过失未及时通知，致使保险事故的性质、原因、伤害程度等难以确定的，我们对无法确定的部分，不承担给付保险金的责任，但我们通过其他途径已经及时知道或者应当及时知道保险事故发生或者虽未及时通知但不影响我们确定保险事故的性质、原因、伤害程度的除外

图 1-2　保险事故通知

(2) 尽量备齐申请资料，及时补充资料

不同险种所准备的理赔资料也不太一样（这部分内容会在本章第三节中详细分类介绍），主要分为 5 种类型资料：

1）个人资料：被保险人（或出险人）的身份证明，未成年人需要提供监护人关系证明等。

2）第三方资料：医疗服务证明［门（急）诊病历、完整住院病历、相关检查报告、诊断证明等］、交通事故证明、财产受损程度证明等。

3）保险合同。

4）理赔申请书。

5）被保险人、监护人或受益人活期存折的首页复印件或银行卡复印件。

表 1-1 详细列出了各类保险金索赔申请的常规必备资料。

首次提交资料后，保险公司可能会通知需要补充某些资料，因此需留意留给保险公司的邮箱、电话等联系方式，以免错过补充通知，耽误理赔。

(3) 配合调查

某些重疾出险案件情况复杂，保险公司可能会派调查人员到案发地调查，大家需要积极配合保险公司调查员，协助厘清事实真相。本章第四节会详细介绍理赔稽核。

接下来，理赔人员计算、核定理赔给付金，双方达成一致，正式下达理赔结论。

表 1-1 各类保险金索赔申请常规必备资料一览表（2020 年 7 月）

序号	常规必备申请资料	注意事项	医疗费用	医疗津贴	重大疾病/特定疾病	伤残	身故（指定身故受益人或第一顺位继承人）
1	理赔申请书原件	需确保客户的所有信息完整，及满足反洗钱等监管需要	√	√	√	√	√
2	出险人、申请人、领款人的身份证复印件	身份证复印件为正反面复印件	√	√	√	√	√
3	领款人的银行借记卡复印件	被保险人为成年人时，必须提供本人银行卡；成年人请提供监护人（即申请人）本人银行卡；保证提供的账户可正常使用，勿使用二类卡、信用卡	√	√	√	√	√
4	被保险人的监护人身份证反正面复印件	被保险人或身故受益人为未成年人时须提供	√	√	√	√	√
5	委托人和受托人身份证正反面复印件	申请人委托他人办理时须提供	√	√	√	√	√
6	门（急）诊病历	完整门诊病历（含封面）；门诊电子版或打印件；完整住院病历，可出院后在病案室打印，提供电子版为电子版时	√	√	√	√	√
7	医疗费用发票（收据联）原件	若社保或第三方机构报销时收取了发票原件，须提供发票联收据复印件和第三方机构报销凭证原件（如社保结算单，其他保险公司理赔通知书）	√	√	-	-	-
8	住院费用汇总清单、门诊费用清单	费用报销型医疗险索赔须提供	√	√	-	-	-
9	手术证明	手术费用或津贴以及特定手术类重疾索赔时须提供	-	-	√	-	-

第一章　理赔：最不愿发生，却最需要了解的 4 个要点　15

10	病理报告和疾病诊断证明书	恶性肿瘤申请重疾保险金时须提供	√	—	—	—	—
11	检查报告	如有检查项目，须出具相关检查报告单	√	√	—	—	—
12	意外伤害事故证明复印件	意外事故索赔时须提供，详见备注 1	—	—	√	—	√
13	伤残鉴定报告	须对照保险合同约定的伤残鉴定标准，在保险公司指定或认可的机构认证，一般为《人身保险伤残评定标准（行业标准）》详见备注 2	—	—	—	√	—
14	身故受益人或法定继承人身份证明、户籍证明，与出险人关系证明复印件	死亡保险金索赔时须提供	—	—	√	—	√
15	保险合同原件	以保险公司要求为准时出具	—	—	—	—	√
16	出险人死亡证明、户籍注销证明、火化证明	死亡保险金索赔时须提供，根据保险公司要求出具，一般为任意两项	—	—	√	—	√
17	法院宣告死亡判决书	法院宣告死亡，申请保险金时须提供	—	—	√	—	√
18	继承权公证书	保单未指定受益人，可提供派出所、居委会、街道办或村委会盖章的《第一顺序继承人情况证明》	—	√	√	—	√
19	个人税收居民身份声明（CRS）	涉及投连险、万能险、分红险和传统寿险、年金保险等具有现金价值的险种索赔时须提供	—	—	√	—	√

注：1. 意外伤害事故证明包含：
(1) 交通事故：公安交通部门出具的法律文书或事故处理证明书或《交通事故认定书》或《交通事故调解书》。对于因交通事故申请理赔的，对于因交通事故中驾驶机动车辆的，原则上需要提供《交通事故责任认定书》，对于出险人在交通事故中驾驶机动车辆的，原则上需要提供驾驶证的正副本及行驶证的正副本复印件。
(2) 劳动安全事故：劳动安全监管部门出具的事故证明。
(3) 刑事案件：公安刑侦部门出具的法律文书或事故证明，或法院出具的刑事判决书。
(4) 重大事故件：政府部门发布的裁判出具的意外事故报告或者声明。
(5) 保险公司认可的其他意外事故证明。
2. 关于伤残鉴定的特别说明：
(1) 请务必在客户鉴定前，提醒客户对照保险公司合同中条款约定的伤残标准，避免鉴定结果不符合理赔标准。
(2) 客户须在保险公司指定或认可的机构鉴定，具体咨询保险公司。

（4）收到理赔结论：全额赔付、协议赔付（部分赔付）和拒绝赔付

保险公司审核完成后，会将理赔结论及时通知被保险人或受益人。理赔金额主要根据结论而定。理赔结论分为3种：全额赔付、协议赔付（部分赔付）和拒绝赔付。

全额赔付：在属于保险责任的前提下，保险标的确实遭遇了保险事故，在保障期出险，理赔申请在《保险法》规定的时效内，保险公司根据保险合同履行赔付全额保险金的义务。如被保险人死亡，寿险应全额赔付。

部分赔付：在部分属于保险责任的前提下，保险标的确实遭遇了保险事故，在保障期出险，理赔申请在《保险法》规定的时效内，保险公司根据保险合同履行赔付部分保险金的义务。如被保险人住院部分的医疗费用符合某住院医疗险责任规定，而门诊部分医疗花费不符合，则只赔付住院部分医疗费用，即部分赔付。

拒绝赔付：不属于保险责任的，保险人会出具《拒绝赔付通知书》，并说明理由，常见的理由是投保时投保人或被保险人没有如实填写健康告知。

《保险法》第二十四条：

保险人依照本法第二十三条的规定作出核定后，对不属于保险责任的，应当自作出核定之日起三日内向被保险人或者受益人发出拒绝赔偿或者拒绝给付保险金通知书，并说明理由。

（5）需要注意的点：及时报案、如实填写健康告知、申请资料、报销顺序

要想理赔速度加快，需要注意以下 4 点：

1）目前，很多理赔金额小的产品支持线上快速理赔服务，但对于不支持线上快速理赔服务的产品需及时报案：可通过三个渠道尽快报案，包括保险公司 App、保险公司客服电话或理赔热线以及保险公司官网。

2）投保时如实填写健康告知。拒赔大部分是因为没有如实告知，投保时一定要注意。

例如，王先生在 2010 年给自己购买了一份重疾险，两年后，他以慢性肾衰竭（尿毒症期）为理由，向保险公司申请重疾险理赔，却被保险公司判定为拒赔。原来，王先生在 2009 年就已经患有慢性肾衰竭并住院治疗，而这一病史却没有在投保时如实告知保险公司，最终经过协商，双方解除了保险合同，保险公司退还了保费。

所以如实告知非常重要，出险时，保险公司会有方法调查健康告知是否属实，万万不可心存侥幸。这一点在本章第四节中会详细介绍。

3）申请资料齐全。注意合同中一些注意事项，比如在二级或以上公立医院就医时开具的诊断证明等。一般来说，医疗险可能会要求病人在卫生行政部门认定的二级以上（含二级）医院就诊。重大疾病诊断证明上写明的疾病名称，由于医生、医院不同，可能同一种病有着不同的名称，这时可以主动跟医生说明有投保商业保险，让医生注意书写规范，以免产生理赔纠纷。

4）报销顺序。医疗险报销时需要注意，先进行社保部分报

销,再进行商业保险报销。重疾险和医疗险是可以同时获赔的,由于医疗险一般需要收取医疗费用发票、费用明细等原件,如果在多家公司投保医疗险,那么可以向收取原件的公司索要理赔分割单,携带理赔分割单和其他证明材料到其他公司即可申请理赔。重疾险为给付型保险,可分别向投保的多家保险公司申请理赔。

2. 保险公司角度

理赔资料提交上去后,保险公司在做什么呢?它们可没闲着,要做的事情多着呢。

(1)报案受理

理赔人员询问主要的报案事宜,指导报案人填写理赔申请书,以录音、文字等形式将出险信息记录下来。

(2)立案

同时符合以下4个条件即可立案:

1)保险合同上约定的保险标的事故已发生;

2)在保单有效期出险;

3)理赔申请在时效期内;

4)理赔申请人符合条件,不同理赔情况下申请人不同,为投保人、被保险人、受益人、被保险人监护人、有权利人或《授权委托书》的委托人之一。

(3)核定保险责任

保险人对理赔证明、材料进行审定,确认真实有效,这一点在本章第四节会详细介绍。

（4）告知被保险人、受益人理赔结论，结案归档：获赔或拒赔

得出核定结论后，及时告知被保险人、受益人，属于保险责任的，尽快履行赔付义务；不属于保险责任的，出具《拒绝赔付通知书》，并说明理由。

关于索赔和理赔时效，法律都有明确的规定，是对投保人、被保险人或受益人和保险人相关利益的保护。一般来说，人身保险的索赔时效为自保险事故发生起5年内，其他保险为自保险事故发生起2年内。

保险事故简单清楚的，理赔时效不超过30天，属于保险责任的，双方达成一致后10日内保险人给付保险金。保险事故复杂的，30天无法确定理赔金额的，可在60天内对确定的部分给予保险金。

从理赔流程来看，投保人、被保险人或受益人需要进行四个步骤：报案、准备资料、配合调查和收到理赔结论。保险公司也需要进行四步：报案受理、立案、审核结案和通知被保险人或受益人领款。

第三节 理赔的资料，手把手教你准备

一说起交资料，相信每个人都有同样的困扰——要交什么，不交什么，哪种资料最重要，哪种资料涉及医院、派出所证明？在申请保险理赔时，这种情况更甚。因为各起保险事故不同，保险人所要求的资料也没法一概而论，且有权利要求提供与出险相关的其他资料。大家也不用太担心遗漏提交，如有理赔证明、资料不完整的情况，保险人会一次性通知投保人、被保险人或受益人提交补充资料。

在此基础上，本节就来教大家如何又快又好地完成理赔资料

的准备。

一、必备的理赔资料

保单、理赔申请书、身份或关系证明、存折或银行卡复印件。

1. 保单

保单即保险合同,有纸质版和电子版,在我国,它们具有同样的法律效力。

《保险法》第十三条第二款规定:

保险单或者其他保险凭证应当载明当事人双方约定的合同内容。当事人也可以约定采用其他书面形式载明合同内容。

《中华人民共和国民法典》第四百六十九条第二款、第三款规定:

书面形式是合同书、信件、电报、电传、传真等可以有形地表现所载内容的形式。

以电子数据交换、电子邮件等方式能够有形地表现所载内容,并可以随时调取查用的数据电文,视为书面形式。

《中华人民共和国电子签名法》第四条规定:

能够有形地表现所载内容,并可以随时调取查用的数据电文,视为符合法律、法规要求的书面形式。

2. 理赔申请书

出险后应及时与保险人联系,理赔人员会指导报案人填写理赔申请书,理赔申请书的内容及样式如表1-2所示。

表 1-2　理赔申请书

申请事项	住院医疗（　） 意外医疗（　） 门诊医疗（　） 住院津贴（　）						
^	身　故（　）　残　疾（　）　重大疾病（　）　其　他（　）						
被保险人姓名		性别		年龄		身份证号码	
单位名称					职业		
单位地址					保单号码		
事故经过	事故日期				地点		
^	原因				现状		
^	事故是否已通知本公司：　　□是　　　　　□否						
^	若是，请注明日期：　　年　　月　　日						
^	事故是否报公安/交警/劳动或卫生部门处理						
^	□是（请附材料）　　□否						
^	事故者如身故，是否已检验死因　　□是（请附报告）　　□否						
^	目前是否正在申请或已获得其他保险公司、社保或第三者的给付及补偿： □是　　　　　　□否　　若是，请具体说明：						
申请人姓名					联系电话		
与被保险人关系	□本人 □配偶 □父母/子女 □监护人				理赔通知送达地址			
^	^				邮　编			
如属保险责任，保险金领取方式：银行转账□　　委托（单位/个人）□　　自领□						
保单是否有质押贷款：有□　　　没有□						
开户银行		户名（限申请者本人）				账号		

郑重声明：
1. 本人保证在本索赔书上所填写内容详尽确实
2. 本人同意任何单位或个人均可向×××××××保险公司提供与此理赔申请有关的资料（包括病历、账单、司法证明资料等）
3. 本人同意自行负责因账号提供错误导致划账不成功的后果

申请人签字：　　　　　　　　　　　　　　　　年　　月　　日

投保单位证明：（团险投保人适用）

　　　　　　　　　　　　　　　　　　　投保单位签章
　　　　　　　　　　　　　　　　　　　年　　月　　日

3. 身份/关系证明

身份/关系证明是指被保险人（或出险人）的身份证、户口本或出生证等身份证明。被保险人为未成年人或无民事行为能力时，监护人代为申请理赔，需提供监护人身份证明及关系证明。

4. 存折／银行卡复印件

存折／银行卡复印件用于接收保险金。

二、不同险种，需要提供不同类型的理赔资料

不同险种的理赔申请资料是不完全一样的，除上文提到的保单、理赔申请书、身份或关系证明、存折或银行卡复印件四种必备资料，还有不同险种对应的其他资料。

以下介绍人身保险（意外险、医疗险、重疾险、寿险）和财产保险（车险）的基本理赔所需资料。

1. 人身保险

（1）意外险

意外险理赔分为意外医疗（门诊）、意外医疗（住院）、意外残疾（失能）以及意外身故理赔。具体所需资料如下。

1）意外医疗（门诊）理赔：

a. 门（急）诊病历。

b. 医疗费用原始凭证（医疗发票收据联、发票联原件）、费用清单、医保结算清单（有医保赔付的客户）。

c. 诊断证明书（医院出具的附有病理检查、血液检验或其他科学检验结果的疾病诊断证明书）。

d. 意外事故证明（对于索赔金额较小的个人医疗保险理赔，除有公安机关等第三方介入的情况外，无须提供意外事故证明，如因动物致伤接种疫苗，需要提供疫苗接种同意书、接种记录）。

2）意外医疗（住院）理赔。

a. 医保身份证明（以社保身份投保）。

b. 门（急）诊病历。

c. 完整的住院病历。

d. 医疗费用原始凭证（医疗发票收据联、发票联原件）、费用清单（处方）、医保结算清单（有医保赔付的客户）。

e. 诊断证明书（医院出具的附有病理检查、血液检验或其他科学检验结果的疾病诊断证明书）。

f. 意外事故证明（对于索赔金额较小的个人医疗保险理赔，除有公安机关等第三方介入的情况外，无须提供意外事故证明）。

3）意外残疾（失能）理赔。

a. 门（急）诊病历。

b. 完整的住院病历。

c. 意外事故证明。

d. 法医学鉴定书或医院鉴定诊断书。

4）意外身故理赔。

a. 门（急）诊病历。

b. 完整的住院病历。

c. 诊断证明书（医院出具的附有病理检查、血液检验或其他科学检验结果的疾病诊断证明书）。

d. 意外事故证明。

e. 身故证明：死亡证明、丧葬证明、户籍注销证明（已经提供死亡证明的，丧葬证明和户籍注销证明二者择其一提供即可）。

(2) 医疗险

医疗险理赔主要包括疾病住院医疗、住院津贴和手术津贴。具体所需资料如下。

1）疾病住院医疗。

a. 医保身份证明（以社保身份投保）。

b. 门（急）诊病历。

c. 完整的住院病历。

d. 医疗费用原始凭证（医疗发票收据联、发票联原件）、费用清单（处方）、医保结算清单（有医保赔付的客户）。

e. 诊断证明书（医院出具的附有病理检查、血液检验或其他科学检验结果的疾病诊断证明书）。

2）住院津贴。

a. 医疗费用收据复印件。

b. 门（急）诊病历。

c. 完整的住院病历。

d. 诊断证明书（医院出具的附有病理检查、血液检验或其他科学检验结果的疾病诊断证明书）。

3）手术津贴。

a. 手术证明。

b. 门（急）诊病历。

c. 完整的住院病历。

d. 诊断证明书（医院出具的附有病理检查、血液检验或其他科学检验结果的疾病诊断证明书）。

e. 医疗费用原始凭证（医疗发票收据联、发票联原件）、费用清单（处方）、医保结算清单（有医保赔付的客户）。

f. 医疗费用收据复印件。

g. 住院费用汇总清单项。

（3）重疾险

重疾险理赔主要包括重大疾病住院津贴以及重大疾病、疾病残疾（失能）、疾病身故理赔。具体所需资料如下。

1）重大疾病住院津贴。

a. 医疗费用收据复印件。

b. 门（急）诊病历。

c. 完整的住院病历。

d. 诊断证明书（医院出具的附有病理检查、血液检验或其他科学检验结果的疾病诊断证明书）。

2）重大疾病理赔。

a. 医保身份证明（以社保身份投保）；

b. 门（急）诊病历。

c. 完整的住院病历。

d. 法医学鉴定书或医院鉴定诊断书（非必须提供的资料）；

e. 诊断证明书（医院出具的附有病理检查、血液检验或其他科学检验结果的疾病诊断证明书）。

f. 意外事故证明（对于索赔金额较小的个人医疗保险理赔，

除有公安机关等第三方介入的情况外,无须提供意外事故证明)。

3)疾病残疾(失能)理赔。

a. 门(急)诊病历。

b. 完整的住院病历。

c. 法医学鉴定书或医院鉴定诊断书。

4)疾病身故理赔。

a. 门(急)诊病历。

b. 完整的住院病历。

c. 诊断证明书(医院出具的附有病理检查、血液检验或其他科学检验结果的疾病诊断证明书)。

d. 身故证明:死亡证明、丧葬证明、户籍注销证明(已经提供死亡证明的,丧葬证明和户籍注销证明二者择其一提供即可)。

(4)寿险

寿险比较简单,主要涉及残疾和身故理赔。具体所需资料如下。

1)残疾理赔。

a. 门(急)诊病历。

b. 完整的住院病历。

c. 法医学鉴定书或医院鉴定诊断书。

d. 意外事故证明(非必须提供的资料)。

2)身故理赔。

a. 门(急)诊病历。

b. 完整的住院病历。

c. 诊断证明书（医院出具的附有病理检查、血液检验或其他科学检验结果的疾病诊断证明书）。

d. 身故证明：死亡证明、丧葬证明、户籍注销证明（已经提供死亡证明的，丧葬证明和户籍注销证明二者择其一提供即可）。

e. 法院出具的宣告死亡证明文件（非必须提供的资料）。

f. 意外事故证明（非必须提供的资料）。

以上是分险种来详细介绍意外险、医疗险、重疾险、寿险在不同情况下所需的理赔资料。其实除了按照险种划分，还可以按照保险事故类型划分，分为：身故、伤残、重疾（或轻症、中症）、其他医疗。用表 1-3 可以总结起来，简单明了。

表 1-3　不同险种理赔所需的材料

	身故保险金	伤残保险金	重疾（或中症、轻症）保险金	医疗保险金
必备材料	①保险合同；②理赔申请书；③身份/关系证明；④存折/银行卡复印件			
第三方出具的报告或证明	①医院或公安局出具的死亡证明；②户籍注销证明；③若是失踪、下落不明需要法院提供被宣告死亡证明文件	医院或鉴定机构出具的伤残鉴定书	①疾病诊断报告书；②病理组织报告；③病例报告	①发票；②用药清单；③检查报告；④出院小结
关系证明	①指定受益人：提供户口本证明关系；②法定受益人：由公证处确定各继承人合法的继承权和继承份额	（受益人为被保险人）如果需要别人代申请，需要提供经公证过的授权委托书		

2. 财产保险

财产保险理赔较为复杂，此处较为常见的是车险。除上文提到的保单、理赔申请书、身份或关系证明、存折或银行卡复印件四种必备资料，还需要提供如下资料。

1）被保险机动车行驶证和驾驶人的驾驶证。

2）公安机关交通管理部门出具的事故证明，或者人民法院等机构出具的有关法律文书及其他证明。

3）被保险人依法自行协商处理交通事故的，应提供符合《道路交通事故处理程序规定》的记录交通事故情况的协议书。

4）受害方财产损失、人身受损程度或死亡证明，医疗服务清单明细以及有关财产损失清单和费用单据。

5）其他与确认保险事故的性质、原因、损失程度等有关的证明和资料。

第四节　理赔的稽核，保险恶意欺诈不可取

保险原本是抵御风险的防护网，但在不法分子手中，它却成为牟取不当利益的工具。

2018年，臭名昭著的泰国杀妻骗保案曾一度引起舆论哗然：凶手张某在给妻子投了巨额保险后，在一家人前往泰国普吉岛游玩期间，残忍地杀害了自己的枕边人，并伪装成溺亡的假象，企图非法获取高达3000多万元的保险理赔金。

所以，保险人设立的对保险事故的调查机制，从审核保险事故的真实性，到核查医疗费用的合理性，都是为了减少此类案件的发生。

一、理赔稽核指什么

骗保,不仅会让保险公司的利益受损,更会损害所有投保人的利益。有些时候,保险公司对于疑难案件,无法证实疑点时,可能会酌情赔付。这带来的副作用是,保险公司对此类案件审核会更加严格,提高产品定价,甚至会将这类案件加入除外责任中。

想要减少骗保案例,光靠保险公司是不够的,除了提高投保门槛、约束投保人、被保险人或受益人外,还依赖医院、公安等第三方协助。这时,理赔稽核显得尤为重要。

理赔稽核指的是出险后,保险人对保险事故所存在的疑点进行客观全面调查,遵循四个原则:迅速及时、实事求是、遵守法制、保守秘密。调查方式包括现场勘探、询问相关人员、聘请专业机构鉴定、合作调查。

1. 理赔稽核四个基本原则:迅速及时,实事求是,遵守法制,保守秘密

案件发生后,理赔人员是冲在第一线的"战士",为案件后续提供更多资料。有四个原则,是他们必须遵守的。

1)迅速及时:理赔结论、赔付保险金的时间和理赔稽核息息相关,因此要求理赔人员要尽快展开调查,正确、合理、及时结案,为被保险人或受益人争分夺秒,节省时间。

2)实事求是:理赔人员在收集、分析、审核证据和资料的过程中,要尊重客观事实,有根据地给出调查结论。不能因个人经验主观臆断,偏听偏信,需克服个人的情感倾向,保持中立。

3)遵守法制:理赔人员的调查活动要在法律许可的范围内

进行，不可采用非法手段获取信息。

4）保守秘密：理赔人员的调查工作涉及很多私密性较强的信息，比如保险事故具体发生过程、保险金额等。调查人员不能随意泄露调查内容，需要保护被调查人、保险人及相关人员隐私，严格保密。

2. 理赔稽核调查方式：现场勘探、询问相关人员、聘请专业机构鉴定、合作调查

理赔调查方式多种多样，主要有现场勘探、询问相关人员访谈、聘请专业机构鉴定、合作调查等，总之就是利用一切资源，厘清事实真相。

（1）现场勘探

调查人员在有需要时会到事故现场进行查探，明确事故原因、性质、责任、损失程度，收集相关证据、资料，以文字、图片、视频等形式客观记录现场情况，并要求见证人签字。

如遇死因不明且保额过高的情况，调查人员应与受益人签订协议，确认保险人对被保险人尸检的权利。受益人在未明确死因时，未经保险人同意，擅自将被保险人尸体火化，造成死因无法确定的，保险人可不给付保险金。

（2）询问相关人员

一场保险事故涉及当事人、行为人、知情人、目击者等，调查人员要通过电话或走访，与案件相关人员谈话，以笔录、录音等形式记录相关信息。

（3）聘请专业机构鉴定

保险事故常会牵扯到病情、死亡等，在不同状态下，保险合同中都明确规定了如何赔付。可这个状态该如何界定呢？调查人员也不是医学等领域的专家。这时候就要请到专业机构，通常对死亡原因、死者身份、伤残等级、笔迹等进行鉴定。

（4）合作调查

有些人投保时不如实填写健康告知，比如之前因肝炎住院，没有在健康告知中提及，后因肝癌出险。由于病人隐私是医院机密，如无特殊理由，不可随意调取。

当出险时，调查人员可以联合医院、公安部门等有关单位开展调查。对保险事故的调查处理不仅是保险人的事情，而是全社会有关部门的责任。

二、稽核主要的 5 个基本步骤

理赔稽核已经形成一套系统，调查人员一般根据以下 5 个步骤进行调查。这也给大家一些提示，以下步骤都是有可能对理赔时间、理赔款到账产生影响的。

1. 检查保险合同是否有效，以及保障责任是否开始且未结束

首先确定保险合同处于有效状态，符合保险责任，保险事故发生在保险合同的保障期间内。

（1）确定保险合同已生效且保险责任已开始

保险合同生效的时间，有时并不意味着保险责任开始的时

间。一般来说，保险合同的生效时间是投保成功后次日零时（有特殊约定的除外）。

保险责任开始的时间，受到等待期的影响。一般因意外伤害造成的损伤没有等待期，责任开始时间与合同生效时间相同；而因病造成的损伤都有 30 天到 180 天不等的等待期，责任开始的时间为合同生效起的约定天数内。

在等待期内，保险人不承担保险责任，如发生约定的保险事故，则退还已交保费，合同终止。图 1-3 展示了一份一般保险合同中的等待期条款。

2.5 等待期 本合同生效日或最后复效日（以较迟者为准）起的180日内为等待期。

（一）被保险人在等待期内因意外伤害（见7.4）以外的原因经医院（见7.5）的专科医生（见7.6）确诊患有本合同所约定的重大疾病（见7.7）的一种或多种，或因意外伤害以外的原因发生疾病或病理改变且延续到等待期以后经医院的专科医生确诊患有本合同所约定的重大疾病的一种或多种，我们不承担保险责任，我们将无息全额退还本合同的已交保险费（见7.8），本合同终止。

（二）被保险人在等待期内因意外伤害以外的原因经医院的专科医生确诊患有本合同所约定的中症疾病（见7.9）的一种或多种，或因意外伤害以外的原因发生疾病或病理改变且延续到等待期以后经医院的专科医生确诊患有本合同所约定的中症疾病的一种或多种，我们不承担且不再承担该种中症疾病的中症疾病保险金、中症疾病关爱保险金（若投保时选择投保且我们尚未承担过给付保险金责任）及特定疾病豁免保险费责任，本合同继续有效。

（三）被保险人在等待期内因意外伤害以外的原因经医院的专科医生确诊患有本合同所约定的轻症疾病（见7.10）的一种或多种，或因意外伤害以外的原因发生疾病或病理改变且延续到等待期以后经医院的专科医生确诊患有本合同所约定的轻症疾病的一种或多种，我们不承担且不再承担该种轻症疾病的轻症疾病保险金、轻症疾病关爱保险金（若投保时选择投保且我们尚未承担过给付保险金责任）及特定疾病豁免保险费责任，本合同继续有效。

（四）被保险人在等待期内因意外伤害以外的原因身故或者全残（见7.11），我们不承担保险责任，我们将无息全额退还本合同的已交保险费，本合同终止。

（五）被保险人因意外伤害发生上述情形的无等待期。

图 1-3　等待期

（2）确定保险事故发生的时间

意外伤害、财产受损事故时间容易确定，如交通事故可根据交警部门出具的《道路交通事故责任认定书》明确时间。

对于疾病导致的人身伤害，则较难确定时间。有些疾病症状不明显，早期极难发现，往往到了疾病晚期，症状明显了才就医。比如早期肝癌症状不明显，直到晚期腹水造成腹部肿胀才引起重视。

此类疾病不可依据症状开始的时间作为疾病发生的时间，应以疾病确诊的时间作为判断依据。

（3）确定保险合同是否处于宽限期

一般长期险会设置宽限期。如未及时缴纳保费，且该保险合同条款有宽限期规定，则自动进入保险宽限期，一般为30天到60天。

宽限期内发生的保险事故属于保险责任范围内的，保险人需赔付保险金。宽限期结束后，投保人仍未缴纳保费，则保险责任在宽限期结束时自动终止，此后发生保险事故，保险人不予赔付保险金。图1-4展示了一份一般保险合同中的宽限期条款。

3.2 宽限期	分期支付保险费的，除本合同另有约定外，自保险费约定支付日次日零时起60日为宽限期。
	宽限期内发生的保险事故，我们仍会承担保险责任，但在给付保险金时会扣减您欠交的保险费。
	除另有约定外，如果您宽限期结束之时仍未支付保险费，则本合同自宽限期届满次日零时起效力终止。

图1-4　宽限期

2. 检查理赔申请书和证明材料有效性，并确认定损是否合理

这一步要确认受害人是否为本人，受损财产是否为保险标的，防止冒名顶替的行为发生。对关键信息进行审核，注意是否有篡改痕迹，是否为原件等。财产受损时，确认赔偿的金额是否合理。各种证明、材料应能相互印证，如发现出险时间、经过、出险人姓名等在不同的证明、资料中存在矛盾，应仔细核实证明、资料的真伪。

3. 确认责任确定是否符合条款规定

这一步要确认保险事故属于保险责任范围内，责任免除部分需特别注意。比如在医疗行为中，涉及美容、保健等项目的费用时，一般医疗险是不给付的。

4. 确认赔款计算情况是否正确、合规

医疗费用繁多复杂，有药品费、检查费、治疗费等。比如药品费，每个地方社保药品名录不同，对甲类、乙类、目录外药品的给付比例都不一样，需跟当地医保局确认。对难以界定的医疗费用，需与被保险人或受益人协商理赔。

5. 检查理赔结论

若获赔，则检查赔付金额、赔付人姓名、银行账号等信息，并及时通知被保险人或受益人；若拒赔，则检查拒赔理由是否充分，有没有该赔不赔的现象。

三、骗保，恶意欺诈涉嫌犯罪

古人有云："君子爱财，取之有道。"非法谋财不可取，但巨大的利益摆在面前，让很多人禁不住头脑发昏、心存侥幸。骗保，大家都知道是不可取的，可无奈很多人顶不住金钱的诱惑，一次又一次对保险极高的杠杆动了歪脑筋。理赔稽核，实际上是防止骗保的一种途径。骗保是犯罪行为，后果很严重，最高可处以 10 年以上有期徒刑，并处 2 万元以上 20 万元以下罚金或者没收财产。

1. 骗保是什么

骗保，也被称作保险欺诈罪，是指以非法获取保险金为目的，违反保险法规，采用虚构保险标的、保险事故或者制造保险事故等方法，向保险公司骗取保险金，数额较大的行为。

2. 骗保后果很严重，法律明文规定

按照《中华人民共和国刑法》(以下简称《刑法》) 第一百九十八条第一款的规定，个人进行保险诈骗活动，数额较大的，处 5 年以下有期徒刑或者拘役，并处 1 万元以上 10 万元以下罚金；数额巨大或者有其他严重情节的，处 5 年以上 10 年以下有期徒刑，并处 2 万元以上 20 万元以下罚金；数额特别巨大或者有其他特别严重情节的，处 10 年以上有期徒刑，并处 2 万元以上 20 万元以下罚金或者没收财产。

根据《最高人民法院关于审理诈骗案件具体应用法律的若干问题的解释》第八条规定，进行保险诈骗活动，数额较大的，构

成保险诈骗罪。个人进行保险诈骗数额在1万元以上的,属于"数额较大";个人进行保险诈骗数额在5万元以上的,属于"数额巨大";个人进行保险诈骗数额在20万元以上的,属于"数额特别巨大"。

也就是说,骗取金额1万元以上的,就要坐牢至多5年,并罚款1万~10万元;骗取金额在5万元以上的,坐牢5~10年,并罚款2万~20万元;骗取金额在20万元以上的,坐牢10年以上,并罚款2万~20万元或没收全部财产。

可见,骗保的后果是很严重的。

3. 骗保的5种行为和案例分享

什么叫作骗保?有5种行为被明确定义为骗保,触犯《刑法》,坐牢和赔款就是这些贪婪人的结局。

1)投保人故意虚构一个根本不存在的保险标的,日后编造保险事故,骗取保险金。

李某,于2008年为其母投保某终身保险。这款终身保险在被保险人身故后,会赔付基本保额2倍的保险金,而根据该终身保险条款规定,"投保年龄为18~70周岁"。但事实是,李某的母亲在2008年已满75周岁,李某却蓄意隐瞒,并通过修改其母入党申请书上的年龄,在2012年母亲身故后申请了27万元的保险理赔。

天网恢恢,在李某非法获取赔付款后,保险公司接到了匿名举报,随即展开理赔调查,并通报司法机关进行介入。最终,李某在 2013 年 7 月 24 日以触犯《刑法》第一百九十八条第一款所列的虚构保险标的、犯有保险诈骗罪被批捕。

2）投保人、被保险人或受益人编造保险事故发生的原因或夸大损失的程度。

2018 年，王某投保机动车辆保险后，驾驶时不慎发生车祸，送到修理厂修理时，王某突然想起之前该车的一个零部件因老旧损坏了，他夸大保险损失并通过关系，将不是本次事故造成损坏的老旧的零部件也更换了，扩大了修理范围，增加了损失金额。

原本不需要更换的老旧零部件，在王某的私心下，通过关系被更换，在理赔时，夸大了因车祸造成的车辆损坏程度，不满足"合理"且"必要"的保险赔付条件。由于骗保数额超过 1 万元，王某因违反《刑法》，犯有保险诈骗罪被批捕。

3）投保人、被保险人或受益人虚构未发生的保险事故，骗取保险金。

傅某，是一家汽车修理厂的老板，在 2012 ~ 2014 年，他通过"免费修车""低价保养"等虚假宣传吸引了一批车主，随后，傅某伙同这些车主合作伪造交通事故，或人为引起汽车自燃事故，以此作为傅某骗保、牟利的手段。

傅某多次伪造了车辆追尾、剐蹭以及汽车自燃等事故，并通过申报虚假的理赔材料，骗取了保险公司 2 万 ~ 10 万元不等的保险理赔款。两年间，傅某通过这样的手段骗取了高达 400 多万元的保险金，2015 年，傅某因违反《刑法》而被批捕。

4）投保人、被保险人或受益人故意造成人为保险事故，骗取保险金。

赵某，2018年7~8月在多家保险公司，给自己投保了高达1000多万元的意外保险。短短三个月后，赵某便以在家做饭不慎砍断右手拇指、食指为理由，在多家保险公司同时申请了理赔。这原本是一个悲伤的事件，但发生的时间过于巧合，为了弄清事情真相、保护己方利益，保险公司选择了向当地公安机关报警。

果然，警方很快查出了一些疑点，如赵某在砍断手指后并没有第一时间赶往医院，并且在医生建议给断指做缝合手术时，断然拒绝了医生的好意，谎称砍断的手指已经扔了。实际上，那两节手指正静静地躺在赵某家的冰箱里，法医对断指进行检测后发现，手指中还留有麻药的成分。此外，警方按照赵某描述的砍手过程进行情景模拟实验，结果却显示实验的创伤面与赵某实际创伤面并不相符。

种种迹象表明，赵某的行为是有预谋、有计划的骗保行为。赵某因犯保险诈骗罪被判处有期徒刑3年，缓刑4年，并处罚金2万元。

5）投保人、受益人故意造成被保险人死亡、伤残或者疾病，骗取保险金。

俗话说，虎毒不食子，但在巨大的利益面前，有些人已然抛弃了为人的根本。

2018年7月28日6时许,某公安局接到杨某的报警,称自己的儿子杨某宇在某港口泊位发生意外坠海,就此失踪。然而蹊跷的是,明明此时自己的儿子生死未卜,杨某却没有在言语中表现出任何悲伤的情绪,反而在被民警询问案件细节时显得十分慌张。此外,杨某出意外的儿子杨某宇存在智力障碍,而视频监控中出现的犯罪嫌疑人,居然穿着与杨某同款的衣服!

在种种事实细节面前,杨某的心理防线崩溃了,他供认了与亲戚张某合谋杀害儿子杨某宇并造成意外死亡的事实,而他做这件事的目的是:甩掉智障儿子这个累赘,同时骗取一笔不菲的保险赔偿金。

为了一己私利谋害亲儿子的生命,骗取本不应该属于他的钱财,杨某也付出了高昂的代价——因犯保险诈骗罪、故意杀人罪,判处死刑,剥夺政治权利终身。

第二章　意外险

不是所有的"意外"都能理赔

第一节　意外：你对"意外"认知真的准确吗

意外伤害在生活中发生的概率其实比我们想象的高。

据调查，我国每年因意外伤害导致的事故患者超过3000万人，其中，有8万名儿童会因为意外而死亡，这些意外包括触电、交通事故、高空坠落、溺水、烫伤、中暑、火灾、儿童绑架等。意外伤害造成的死亡概率已经远超过疾病身故。

正因为意外伤害在生活中的"无处不在"，意外险也就顺理成章地成为许多人生命中的第一份保险——意外险是最便宜最能快速保障人身安全的保险，不仅保费便宜、购买方便，保障也比较全面，从婴孩到青少年，再到为人父母并赡养父母的中老年人群都能获得这张生活"防护网"的保护。

意外险虽好，但有一些特殊情况却是被排除在意外险保障之外的，例如疾病就医、意外怀孕、猝死、酒驾、无证驾驶、从事高危职业或运动等免除责任，都是意外险不予赔付的范围。今天我们就来谈谈保险中的"意外"对于大多数人来说是什么样的存在。

一、什么是意外

"意外"一词，从字面的意思解释：意，意料，你的预料之中，是一个界限；外，是一个范围，意的外面；合在一起解释，就是在你的预料之外。

在生活中，我们把一切意料之外的事情统称为意外。那么在保险中，我们所说的"意外"指的又是什么呢？

在法律中，关于意外的规定如下，根据《刑法》第十六条：

行为在客观上虽然造成了损害结果，但是不是出于故意或者过失，而是由于不能抗拒或者不能预见的原因所引起的，不是犯罪。

根据《刑法》理论，这种情况被称为"意外事件"。所谓"意外事件"，是由于不以行为人的主观意志为转移且行为人无法预料的原因而发生的意外事故。这种意外事件包含了两种情况：

一种是由于不可抗拒的原因而发生了损害结果，如自然灾害、突发事件及其他行为人无法阻挡的原因造成了损害结果；

另一种情况是由于不能预见的原因造成了损害结果，即根据损害结果发生当时的主客观情况，行为人没有预见也不可能预见会发生损害结果。由于行为人主观上没有故意或过失，对实际发生的损害结果没有罪过，不应当负刑事责任。

因此，该条规定，由于不能抗拒或者行为人不能预见的原因造成损害结果的行为，不是犯罪。

"不能抗拒"是指不以行为人的意志为转移，行为人无法阻挡或控制损害结果的发生。如某种机械力量的撞击、自然灾害的阻挡、突发疾病的影响等行为人意志以外的原因，使其无法避免损害结果的发生。

"不能预见"是指根据行为人的主观情况和发生损害结果当时的客观情况，行为人不具有能够预见的条件和能力，损害结果的发生完全出乎行为人的意料。

在保险中，人身保险是以人的生命或身体为保险标的的保险，分为人寿保险（以下简称"寿险"）、健康保险、意外险三种。其中寿险是以人的生命的生存或死亡为保险事故的保险，又可分为生存保险、死亡保险、生死两全保险三种。

生存保险，是以被保险人至保险期满或达到合同约定的年龄时仍然生存为保险事故发生，保险人应给付受益人一定数额保险金的保险。死亡保险，是以被保险人死亡为保险事故发生，保险人应给受益人一定保险金额的保险。生死两全保险，是指当事人约定被保险人于合同生效后的一定期间内死亡的，保险人应给付一定数额的保险金额；合同期满而被保险人仍然生存，保险人亦应给付一定数额的保险金额。

健康保险，是指保险人于被保险人身体出现疾病、分娩及因此导致残疾或死亡时，负给付保险金额责任的保险。

意外险，是指保险人于被保险人遭受意外伤害及其所致残疾或死亡时，负给付保险金额责任的保险。在意外险中，根据保险合同，意外伤害是指以外来的、突发的、非本意的、非疾病的客观事件为直接且单独的原因致使身体受到的伤害。自然身故、疾病身故、猝死、自杀等均不属于意外伤害。

所谓意外，是指在被保险人的主观状态下，事先没有预知到伤害的发生或伤害的发生违背了被保险人的主观意愿，其特征通常是非本意的、外来的、突发的。

所谓伤害，是指被保险人的身体遭受外来事故的侵害，使得人体遭受破坏导致不完整或器官组织生理机能遭受损害的客观事实。伤害一般包括致害物（导致被保险人受到伤害的物体或人）、侵害对象（被保险人）、侵害事实（事故发生的原因）三个要素。

二、意外险保什么

和其他类型的保险对比，意外险比较容易理解，毕竟它穿插在生活中的方方面面。在上段描述中我们可以看到，意外险的定义包含了两层意思：意外包含了四要素；意外险也有不可保因素。

1. 意外伤害四要素

保险中意外的定义，与我们平时认知的意外有所不同，那意外险中意外定义的外来的、突发的、非本意的、非疾病的四要素应该怎么理解呢？

外来的，是指意外事件来源于被保险人的身体外部，强调外部性，致害原因存在于被保险人身体之外，而且外来性并不局限于自然力所产生的危险，比如机械性的碰撞、挤压，以及咬伤、烧烫伤、电击伤等因素引起的物理性损伤，酸、碱、有毒气体引起的化学性损伤，另外，来自第三方故意或过失的行为也会引发外来的致害事件。

突发的，指引起伤害的原因不是早已存在的，而是突然降临的，受害者在面临风险时来不及预防，强调的是被保险人在致害原因发生时，无法以最佳状态应对和回避，导致出现非本意的伤害结果。

伤害的原因与后果之间具有直接瞬间的关系，比如车祸中的碰撞、高空坠物中的物体的砸压，都是直接瞬间完成的，符合突发的定义。而长期在某种环境条件下生活对身体造成的伤害，不属于意外伤害，例如长期在恶劣环境下工作造成的职业病，与突发意外对身体的伤害有所不同，并不属于意外伤害。

非本意的，是从被保险人的主观状态判断的，指引起伤害的原因非受害者本意所期望和预料的。探究事故发生的原因是否出于被保险人的本意。本意包括两方面：一是被保险人积极追求事件的发生；二是被保险人能够预见损害结果的发生，却仍然放任不予阻却或过于自信轻信能够避免。

在"意外"认定中描述被保险人主观状态的构成要件，指事件的发生并非被保险人所意欲，出乎被保险人的意料。

例如，醉酒一般在条款中作为责任免除出现，而且醉酒本身就不符合意外定义中非本意的约定，饮酒过量有害身体健康属于生活常识，作为一个完全民事行为能力人，完全可以自主控制自己是否需要饮酒以及掌握饮酒量的多少。

某人酒驾肇事逃逸后，为了逃避警方的追查，于是想到了利用绳索从自家 12 楼的阳台下楼，结果不慎坠楼身亡。其存在任由损害结果发生不予阻却或者轻信能够避免的心理状态，因此不具有"意外伤害"非本意的特点。

某人作为成年人，明知攀爬高楼十分危险，且有可能导致意外发生，甚至死亡，但他仍这么做，且他的目的是逃避公安机关的调查而自主选择的结果，该行为本身就缺乏合法性。明知危险而为之，不符合保险合同所约定的"意外伤害"的构成条件，不属于保险合同约定的意外伤害，因此自应承担责任。

非疾病的，其实它并非一个独立的构成要件，而是对外来的一个强调，一般指事件发生并非由被保险人潜在的弱体能或一些潜在的病变因素导致。例如，肝炎病毒引起的急性重型肝炎、骨质疏松引起的病理性骨折都是由被保险人身体本身的原因或疾病引起的，都属于疾病范畴，而不属于意外。世界卫生组织对于猝死的解释是，平时身体健康或貌似健康的患者，短期内，意料外地因自然突发疾病死亡，所以猝死也不属于意外。

认定一起事故属于保险中所界定的意外伤害，必须同时满足上述四个要素要求，缺一不可。

2. 意外不可保因素

按是否可保划分，意外伤害可分为不可保意外伤害、特约保意外伤害和一般可保意外伤害。

（1）不可保意外伤害

不可保意外伤害，也可理解为意外险的除外责任，即从保险原理上讲，保险人不应该承保的意外伤害，如果承保，则违反法律的规定或违反社会公共利益。

不可保意外伤害一般包括：

1）被保险人在犯罪活动中所受的意外伤害。

2）被保险人在寻衅斗殴中所受的意外伤害。

3）被保险人在醉酒、吸食（或注射）毒品（如海洛因、鸦片、大麻、吗啡等麻醉剂、兴奋剂、致幻剂）后发生的意外伤害。

4）被保险人的自杀行为造成的伤害。

对于不可保意外伤害，在意外险条款中应明确列为除外责任。

（2）特约保意外伤害

特约保意外伤害，即从保险原理上讲虽非不能承保，但保险人考虑到保险责任不易区分或限于承保能力，一般不予承保，只有经过投保人与保险人特别约定，有时还要另外加收保险费后才予承保的意外伤害。

特约保意外伤害包括：

1）战争使被保险人遭受的意外伤害。

2）被保险人在从事登山、跳伞、滑雪、赛车、拳击、江河漂流、摔跤等剧烈的体育活动或比赛中遭受的意外伤害。

3）核辐射造成的意外伤害。

4）医疗事故造成的意外伤害（如医生误诊、药剂师发错药品、检查时造成的损伤、手术切错部位等）。

（3）一般可保意外伤害

一般可保意外伤害，即在一般情况下可承保的意外伤害。除不可保意外伤害、特约保意外伤害以外，均属一般可保意外伤害。

醉驾肇事逃逸后为躲避调查攀爬高楼坠亡
不属保险合同承保的"意外伤害"

人民法院曾经报道过一则这样的事件。

郭某是一名交通肇事逃逸者，为了逃避警方的上门调查，不惜铤而走险，试图用绳索从自家10楼的阳台攀爬下楼，结果不慎坠楼身亡。

事故发生后，家人意外发现郭某生前曾投保过一份20万元的意外险，遂前往保险公司进行理赔申请。保险公司以保险合同中的责任免除为理由，拒绝了郭某家人的理赔要求，不予给付保险金。为此，双方两度对簿公堂。一审法院认为，被保险人郭某坠楼死亡属于意外事件，符合保险条款约定的赔付条件，且保险合同没有明确说明免责条款的具体内容，故不产生效力。因此，法院一审判决保险公司赔付郭某家人20万元保险金。

保险公司不服判决，继而提起上诉。在二审中，法院认为郭某为逃避执法而不慎坠楼的行为，本身就缺乏合法性，且涉及不必要的冒险行为，未构成非本意性这一主观状态。

因此，该结果的发生不符合案涉保险合同所约定的"意外伤害"之构成要件，最终，法院认定郭某的坠楼身故不属于意外事故，保险公司无须赔付。

第二节 猝死：在意外险中到底能不能获赔

当代人的生活，危机四伏——蛰伏于小小的办公桌，紧盯着屏幕上蚂蚁般的字符，手边是吃了一半的外卖盒饭，和不管几点都常伴左右的提神咖啡。

"996"的生活节奏下，我们无暇顾及身体发出的警告：每吸一口气，都能引起头脑和心脏的抽痛；每吐一口气，都像是最后一口气。

虽然有些夸张，但是看到手机里突然跳出"某办公室的年轻人在工作时猝死，年仅26岁"这样的新闻后，总会一阵唏嘘，然后继续回到自己的挣扎之中。

猝死，是盘桓在每一个"996"年轻人心底的噩梦，它就像高悬的达摩克利斯之剑，只是每个人都心存侥幸：下一个猝死的倒霉蛋，不会是自己。

事实真的如此吗？

一、什么是猝死

猝死顾名思义就是猝不及防的死亡，通俗地讲即为毫无征兆的死亡，意料之外的死亡，这似乎正符合普通人对于意外的定义。因此，很多人自以为买了高额意外险便高枕无忧，但事实并非如此。

1. 猝死的定义

医学上对"猝死"的定义是，外表健康或非预期死亡的人在内因或无外因的作用下，突然或意外发生的非暴力性死亡，通俗地讲就是毫无征兆的死亡。

临床上，通常分为心源性猝死和非心源性猝死。其中心源性猝死是指心脏突然发生骤停现象，多在急性症状发作后 1 小时内死亡，占猝死的 70% ~ 80%，是猝死的主要原因，也是我们日常说得最多的猝死类型。

保险业（如市面上某款意外险产品合同）对于猝死的定义是，表面健康的人因潜在疾病、机能障碍或者其他原因在出现症状后 24 小时内发生的非暴力性突然死亡。猝死的认定以医院的诊断和公安部门的鉴定为准。被保险人因保险合同约定的除外情形导致猝死的，保险人不承担给付保险金的责任。

此定义就是专门针对猝死责任的，不过在抢救时间上各家保险公司规定不同，有的是 24 小时，有的是 6 小时，而有的则不规定时间，具体以条款约定为准。

由此可见，保险业对于猝死的定义与医学上的基本一致。

2. 猝死是否属于意外

按照前面所述的定义，猝死有两个特点；第一，外表健康，但实际有隐藏疾病，患者自己未察觉；第二，在内因（无外因）的作用下突然死亡，实际就是自然疾病导致的死亡。而我们从定义上看，"意外"指以外来的、突发的、非本意的、非疾病的客观事件为直接且单独的原因致使身体受到的伤害，缺一不可。由此看来，猝死不属于意外，基本已无争议。

据国家心血管病中心《中国心血管病报告 2018》中引用的一项研究，我国的心源性猝死（SCD）发生率为 10 万分之 41.8。虽然发病率和其他国家相比并不算高，但以中国庞大的人口推算，每年我国心源性猝死发病人数要超过54万，相当于每分钟有1人发生心源性猝死，为世界之首。

2020年4月全国性学术期刊《中国急救医学》刊登的论文《我国5516例尸解猝死病例流行特征分析》也显示（见表2-1），心源性猝死为猝死的最主要类型，占57.76%；肺源性猝死排在第二位，占21.63%。

表2-1　我国5516例猝死病例疾病病谱分布

病谱	病因	病例数	占比(%)	病谱	病因	病例数	占比(%)
心源性		3 186	57.76	脑源性		508	9.21
	冠心病	1 760	31.91		脑出血	210	3.81
	心肌病	374	6.78		脑膜炎	106	1.92
	心律失常猝死综合征	328	5.95		脑血管畸形及其他	192	3.48
	心肌炎	320	5.80	消化系统		220	3.99
	高血压性心脏病	115	2.08		急性出血性坏死性胰腺炎	134	2.43
	先心病	99	1.79		肠炎及其他	86	1.56
	心脏传导系统疾病	71	1.29	主动脉疾病及周围血管病	急性主动脉夹层及其他	179	3.25
	瓣膜性心脏病及其他	119	2.16	妊娠相关		111	2.01
肺源性		1 193	21.63		羊水栓塞	79	1.43
	肺部感染	539	9.77		宫外孕及其他	32	0.58
	肺栓塞①	268	4.86	传染性		53	0.96
	窒息	281	5.10	免疫缺陷		50	0.91
	肺出血及其他	105	1.90	其他		16	0.29

注：仅包含最近5年数据。
① 不包含羊水栓塞。
资料来源：赵智梅，陈晓松，杨仪君，等. 我国5516例尸解猝死病例流行特征分析［J］. 中国急救医学，2020，40（2）：6.

根据 2015 年发布在《中国法医学杂志》上的《广东地区 622 例猝死案例的流行病学调查》显示，31～50 岁的男性发生心源性猝死的案例数最多，"小于 20 岁"和"21～30 岁"年龄组也分别有 32 例和 59 例。猝死成了当下年轻人不可小觑的问题。

二、意外险在猝死方面应该关注什么

1. 投保时关注点

在人们的一般认知中，都认为猝死是意外，但通过前面的定义可以看出，猝死本质上就是潜在疾病导致的身故，在保险业内也一般都认定"猝死"是因疾病身故。不少意外保险条款会明确将猝死列入免赔责任，故猝死责任在意外险中都是以附加的责任形式出现的。在这类产品里，都会另外附加一份猝死责任条款，要特别关注条款对猝死的定义。

2. 理赔时关注点

涉及猝死的理赔一直都是存在争议的，在意外险的理赔中尤为显著。

猝死是否赔偿，关键点有两个：一是保险条款约定，如果保险条款对猝死有约定，则按照保险条款相关约定执行；二是找到猝死诱因，除非确定为外来意外因素，否则意外保险不赔付。

第一点针对的是有附加猝死责任的理赔，这里以某款附加猝死责任的产品条款为例，该保险合同对猝死的定义是：

表面健康的人因潜在疾病、机能障碍或者其他原因在出现症状后 24 小时内发生的非暴力性突然死亡。猝死的认定以医院的诊断和公安部门的鉴定为准。被保险人因保险合同约定的除外情形导致猝死的，保险人不承担给付保险金的责任。

这个条款就是专门保障猝死的，正如前文所述，在抢救时间上各家保险公司的规定不同，有的是 24 小时，有的是 6 小时，而有的则不规定时间，具体以条款约定为准。

保险公司需要考证被保险人死亡的真正原因，一般会要求受益人提供医院的诊断和公安部门的鉴定来判断是否符合猝死保险责任。因此，在申请理赔前要收集有力证据证明猝死诱因，以便在理赔时占据主动。

第二点也是在一般意外险（不含猝死责任）中出现争执的关键点，当被保险人因不明原因身故出险时，保单受益人会申请意外身故理赔金，但保险公司往往按疾病身故拒赔，从而引发纠纷。

《保险法》第二十二条第一款规定：

保险事故发生后，按照保险合同请求保险人赔偿或者给付保险金时，投保人、被保险人或者受益人应当向保险人提供其所能提供的与确认保险事故的性质、原因、损失程度等有关的证明和资料。

因此，当发生此类事故后，受益人应在第一时间通知保险公司，并做好现场保护和提供完整的证据，以便确定猝死诱因。当然，如果受益人能够举证被保险人的死亡原因系意外伤害导致的猝死，那么保险公司必须承担赔偿责任。

实际上，大多数情况是被保险人死因不明，受益人与保险公司双方都不能提供对自己有利的证据，那么按照《保险法》第三十条：

> 采用保险人提供的格式条款订立的保险合同，保险人与投保人、被保险人或者受益人对合同条款有争议的，应当按照通常理解予以解释。对合同条款有两种以上解释的，人民法院或者仲裁机构应当作出有利于被保险人和受益人的解释。

在这类情况下，受益人获得理赔的概率是比较大的。由此看来，普通的意外险，并不能很好地保障猝死风险，并且它的理赔也并非想象中那么顺利。因此，现在市面上越来越多的意外险都会附加猝死责任，为消费者提供更全面的风险保障，并且关于猝死的条款也越来越明确规范。

普通意外险，当被保险人猝死时为什么不能理赔？

下面这个案例体现了一般意外险在猝死责任上的典型纠纷。

2020年10月25日，Z先生为59岁的父亲投保了一份为期一年的成人意外险，未附加猝死责任。2021年6月29日，Z先生因多日来联系不上父亲，赶回家探望，这才发现家中父亲已经去世。Z先生立即将父亲送到了医院，医院出具了死亡证明，证明Z先生的父亲死于猝死。

Z先生父亲死亡时，距离Z先生的投保时间只过去了9个多月，还属于保障期内，所以Z先生向保险公司提出了保险理赔申请。但是，医院开具的死亡证明并没有说明具体的猝死原因，保险公司在调查之后，确认Z先生的父亲死于"急性脑梗死引发的猝死"。

在这类情况下，如投保时选择附加责任，受益人获得理赔的概率是比较大的。但是，Z先生在投保时并未附加猝死责任，由保险公司调查后，确认Z先生父亲的死亡原因确实为非意外引发的猝死，不属于保单承保的身故责任，故本次无法获得理赔。

既然普通的意外险无法赔付猝死，那其他险种也是如此吗？

比较明确的是，寿险是可以赔付猝死身故的，因为寿险本质就是一种以人的生死为保险对象的保险，是被保险人在保险责任期内生存或死亡，由保险人根据契约规定给付保险金的一种保险。故寿险可以赔付猝死从定义上基本无争议。

相对寿险而言，重疾险和医疗险对猝死的责任界定就没有那么明确，诱发猝死的原因有很多，关键要看猝死的原因是否达到合同约定的标准。部分重疾险产品涵盖身故责任，如果猝死的原因与重大疾病有关，那么重疾险就可以对猝死进行赔付，否则会因猝死的原因复杂且不好判断而不予赔付。

医疗险，顾名思义就是只赔付合同责任内产生的医疗费用，但猝死从发病到死亡的时间非常短，黄金抢救时间只有几分钟。猝死发生后送到医院急救的过程中，通常不会发生很多医疗费用，总体的救治费用都不会太高，再扣除免赔额，赔付金额不多，所以医疗费这一块并不能很好地保障猝死的责任。

当然,猝死只在一瞬间,而保险也只是留给家人最后的慰藉,因此身体给的暗示一定要重视,多关注身体,多关心自己,才是最好的保险。

第三节 除外责任为什么是保险常见的拒赔理由

拒赔的理由千千万,到底是什么蒙蔽了你阅读"除外责任"的双眼?

其实这都源于我们对"意外伤害"顾名思义的解读。很多人根据生活经验对意外伤害的理解是:意料之外的伤害。在保险的世界里,意外险不是万能险,而是一种针对其保障范围内的意外进行理赔的险种。

一、什么是除外责任

除外责任,又叫责任免除,是指被保险人或者受益人的给付保险金请求不属于保险责任范围的,保险人有权依据法律和合同拒绝给付保险金。投保人、被保险人或受益人在知道保险事故发生后有及时通知保险人的义务,并承担举证责任。保险人在对方履行义务后,应及时审核是否具备给付条件,以及是否适用保险人责任免除条款。也就是说,被保险人或者受益人的给付保险金请求不属于保险责任范围的,保险人有权依据法律和合同拒绝给付保险金。

根据我国《保险法》第十七条第二款的规定:

> 对保险合同中免除保险人责任的条款,保险人在订立合同时

应当在投保单、保险单或者其他保险凭证上作出足以引起投保人注意的提示,并对该条款的内容以书面或者口头形式向投保人作出明确说明;未作提示或者明确说明的,该条款不产生效力。

该规定专门针对保险合同约定的责任免除条款,强调保险人负有明确说明义务,未尽明确说明义务的,责任免除条款不生效,发生该类范围的事故或事件时保险人仍要承担保险责任。常见的责任免除条款有两个方面。

1. 法定责任免除事由

法定免责事由是指《保险法》强制条款所规定的保险人责任免除事项,具体有以下几个方面。

1)违反告知义务。因为投保人违反告知义务得以解除保险合同而责任免除。

《保险法》第十六条第四、五款规定:

投保人故意不履行如实告知义务的,保险人对于合同解除前发生的保险事故,不承担赔偿或者给付保险金的责任,并不退还保险费。

投保人因重大过失未履行如实告知义务,对保险事故的发生有严重影响的,保险人对于保险合同解除前发生的保险事故,不承担赔偿或给付保险金的责任,但应当退还保险费。

2)保险欺诈。因投保人、被保险人或受益人欺诈得以解除保险合同而责任免除。

《保险法》第二十七条规定：

未发生保险事故，被保险人或者受益人谎称发生了保险事故，向保险人提出赔偿或者给付保险金的请求的，保险人有权解除保险合同，并不退还保险费。

投保人、被保险人故意制造保险事故的，保险人有权解除合同，不承担赔偿或者给付保险金的责任；除本法第四十三条规定外，不退还保险费。

保险事故发生后，投保人、被保险人或者受益人以伪造、变造的有关证明、资料或者其他证据，编造虚假的事故原因或者夸大损失程度的，保险人对其虚报的部分不承担赔偿或者给付保险金的责任。

投保人、被保险人或者受益人有前三款规定行为之一，致使保险人支付保险金或者支出费用的，应当退回或者赔偿。

3）故意行为。投保人或者受益人故意造成被保险人死亡、伤残或者疾病的，保险人不承担赔偿或者给付保险金的责任。投保人已交足两年以上保费，保险人应向其他享有权利的受益人退还保单现金价值。受益人故意造成被保险人死亡、伤残或者故意杀害被保险人未遂的，丧失受益权。

4）自杀行为。《保险法》第四十四条规定：

以被保险人死亡为给付保险金条件的合同，自合同成立或者合同效力恢复之日起二年内，被保险人自杀的，保险人不承担给付保险金的责任，但被投保人自杀时为无民事行为能力人的除外。

保险人依照前款规定不承担给付保险金责任的，应当按照合同约定退还保险单的现金价值。

5）犯罪行为。《保险法》第四十五条规定：

因被保险人故意犯罪或者抗拒依法采取的刑事强制措施导致其伤残或者死亡的，保险人不承担给付保险金的责任。投保人已交足二年以上保险费的，保险人应当按照合同约定退还保险单的现金价值。

2. 约定除外责任

保险公司在合同有效的情形下，为维护社会公共道德或因发生率难以估计，对于若干导致死亡、伤残或疾病的原因预先声明不承担给付保险金的责任的，称为除外责任。

二、意外险中有哪些除外责任

在投保意外险时，除外责任一般都会明确写在保险条款中，概括来说，意外保险中的除外责任一般有以下几点。

1. 原因除外

原因除外是指规定何种原因使被保险人遭受伤害属于除外责任。被保险人因下列原因而导致身故或残疾的，保险人不承担给付保险金责任：

1）投保人的故意行为。

2）故意自伤或自杀，但被保险人自杀时为无民事行为能力人的除外。

3）因被保险人挑衅或故意行为而导致的打斗、被袭击或被谋杀。

4）妊娠、流产、分娩、药物过敏。

5）接受包括美容、整容、整形手术在内的任何医疗行为而造成的意外。

6）未遵医嘱服用、涂用、注射药物。

7）受酒精、毒品、管制药物的影响。

8）疾病，包括但不限于高原反应、中暑、猝死。

9）非因意外伤害导致的细菌或病毒感染。

10）任何生物、化学、原子能武器，原子能或核能装置所造成的爆炸、灼伤、污染或辐射。

11）恐怖袭击。

2. 期间除外

期间除外是指规定被保险人在从事某种活动期间遭遇意外伤害为除外责任。

被保险人在下列期间遭受意外伤害导致身故或残疾的，保险人不承担给付保险金责任：

1）战争、军事行动、武装叛乱或暴乱期间。

2）从事违法、犯罪活动行为或被依法拘留、服刑、在逃期间。

3）存在精神和行为障碍（以世界卫生组织颁布的《疾病和有关健康问题的国际统计分类（ICD-10）》为准）期间。

4）从事高风险运动期间，但被保险人作为专业运动员从事其专业运动除外。

5）艾滋病（AIDS）或感染艾滋病病毒（HIV）期间。

6）驾驶或搭乘非商业航班期间。

7）被保险人酒后驾驶、无有效驾驶证驾驶或驾驶无有效行驶证的机动交通工具期间。

3. 地点除外

地点除外即规定被保险人在某些地点遭受意外伤害属于除外责任。例如，建筑工人意外险在合同中规定，被保险人在建筑工地以外所遭受意外伤害属于除外责任。

4. 项目除外

项目除外是指规定某些保险责任项目属于除外责任，比如一份意外险合同只保意外伤害造成的死亡和残疾，就会规定意外伤害支出的医疗费属于除外责任。

保险公司为何要设置责任免除呢？

我们先看看保险常见的免除责任：自杀、整容、高风险运动等，都具有主观性，不符合保险公司可保风险的要件之须为意外风险（非故意的风险）。风险是独立存在于人的意识之外的，即损失具有客观性、不确定性。如果投保人的故意行为也能获得赔偿，会大大增加道德风险。

保险公司不是慈善机构，明知有风险还承保，那亏本近在咫尺。未知风险才是保险可承保的范围，条款本身对意外的定义是外来的、突发的、非本意的、非疾病的客观事件为直接且单独的原因致使身体受到伤害。

所以责任免除是要在保险条款中明确列明的，即哪些风险事故所造成的损失与保险人的赔偿责任无关。比如战争，属于不可抗力造成的，战争会导致大量的标的同时受损，无法实现保险风险分摊原则。杀人骗保案件中，凶手往往事先为受害人购买巨额保险，随后，为了获得这些保险的赔付金额，他们不惜故意杀害被保险人（通常都是他们最亲的亲人或朋友）并且伪造成意外身亡的假象。

这类行为，以及战争这类不可抗力的因素造成的意外伤害，在保险条款中都是明确列为责任免除的。保险公司不是慈善机构，而是和我们一起面对未知风险的雇用伙伴。

三、极限运动如滑雪或潜水过程中意外受伤，为什么不能理赔

柳先生是一名水上极限运动爱好者，他与朋友相约去海边冲浪，出发前，为保旅程平安，两人还分别购买了一份短期旅行意外险。但意外突然降临，柳先生在冲浪时意外落水，其他人施救不及时，柳先生不幸溺水而亡。

事发后，柳先生家人想起了那份短期旅行意外险，他们前往保险公司索赔，保险公司却做出了拒赔的决定，因为在柳先生购买的意外保险承保范围中，攀岩、漂流、潜水、滑雪、蹦极、冲浪等高风险活动所造成的人身伤亡或财产损失均属于保险公司免责条款。

免责条款是指保险合同中的除外责任，又称责任免除，指保险人依照法律规定或合同约定，不承担保险责任的范围。当前市场在售的大部分险种都设有一定的免责条款，比如，车险中的酒驾、肇事逃逸，寿险中的两年内自杀以及上述旅行意外险中的"高危运动"等。

如出险事故属于责任免除条款中已明确列明不赔付的项目，保险公司就会明确拒赔。对于保险消费者来说，在投保前一定要看清免责条款的相关描述，如果对条款中部分专业概念、术语理解不清，一定要向客服人员进行咨询，最大限度地避免日后纠纷，保护自己的权益。

冲浪、滑雪、潜水这些曾经的高风险极限运动，如今已经随着人们旅行的足迹，逐渐走入了普通人的生活之中，那么它们为何会被归为保险合同中的"高风险运动"呢？

高危险性体育项目是指专业技术性强、危险性大、安全保障要求高的体育项目。2013年5月1日，国家体育总局、人力资源和社会保障部、国家工商行政管理总局、国家质量监督检验检疫总局、国家安全生产监督管理总局联合发布《第一批高危险性体育项目目录公告》，具体项目包括游泳、高山滑雪、自由式滑雪、单板滑雪、潜水、攀岩。

而现在保险合同中包含的高风险运动具体为：潜水、跳伞、热气球运动、滑翔机、滑翔翼、滑翔伞、动力伞、攀岩运动、探险活动、武术比赛、摔跤比赛、特技表演、赛马、赛车及保险单载明的其他运动。

1) 潜水：指以辅助呼吸器材在江、河、湖、海、水库、运河等水域进行的水下运动,但穿着救生衣在水面进行的浮潜活动除外。

2)热气球运动:指乘热气球升空飞行的体育活动。

3)攀岩运动:指攀登悬崖、楼宇外墙、人造悬崖、冰崖、冰山等运动。

4)探险活动:指明知在某种特定的自然条件下有失去生命或使身体受到伤害的危险,而故意使自己置身其中的行为,如江河漂流、非固定路线徒步、徒步穿越沙漠或人迹罕至的原始森林等活动。

5)武术比赛:指两人或两人以上对抗性柔道、空手道、跆拳道、散打、拳击等各种拳术及各种使用器械的对抗性比赛。

6)特技表演:指马术、杂技、驯兽等特殊技能表演。

辨别生活中的高风险运动其实很简单,因为在进行任何一项高风险运动前,你都会被要求签署安全协议,也就是对自己的生命安全"后果自负"。以潜水为例,一个毫无潜水经验的人如果潜水前吃东西,则潜水时胃会剧烈翻涌;如果涂了防晒霜,则防晒霜可能会随着海水直接渗入脆弱的眼睛……任何一项高风险运动都需要大量的专业知识,专业知识不足会让你在进行高风险运动时受伤或者遭遇危险的概率增加。

免责条款,有的是出于道德风险考虑,是对被保险人的保护;有的是出于成本考虑,是对保险公司的一种保护。它是合同双方的共同约定。投保时,出于对个人负责的态度,一定要仔细阅读合同的条款,了解产品保什么、不保什么,看清是否符合自身的期望和需求之后,再考虑是否购买。如果投保时自己不注意看条款,以为什么都保,就可能在理赔时发现"保险是骗人的"

了。选择保险产品时，也可以多家产品做个比较，选择免责条款少的产品，那么保障的范围也就相应增大了。

投保后发生事故遭遇拒赔的原因有很多，如果确实属于保险合同约定的合理拒赔，那么投诉意义也不大。如果确实是应该理赔而没有理赔的情形，可以到中国银保监会投诉，也可以委托律师处理。

第四节　意外险理赔实录一：一场事故，痛失亲人，交通安全人人有责

交通意外是我们生活中最常提到的一种意外状况。据数据统计，我国每天死于交通事故的人数高达 300 人，其中 81.3% 的死者是当场死亡，而伤后 7 天内死亡的概率则达到了 98%。

以 2021 年 5 月发生在大连市的一起宝马车撞人事为例，此次事件的 8 名受害者只是在斑马线上正常行走，不料突遭横祸，其中 4 人当场死亡，1 人经抢救无效死亡。

死亡的刀刃有时候离我们的生活就是如此之近，它会在猝不及防的情况下，摧毁一个人，甚至摧毁一个家庭。

一、案例重现

郑先生夫妇育有两个可爱的女儿，大女儿朵朵 6 岁，小女儿欣欣年仅 4 个月，还在襁褓之中。孩子在成长过程中难免磕磕碰碰，郑先生夫妇为了保障女儿的成长、减轻医疗负担，为女儿们购买了短期的意外险。

2019 年国庆期间，一家四口出门自驾游，没想到意外就这

样发生了。2019年10月5日，郑先生一家在旅游返程途中，一辆大卡车违规未按右侧通行原则行驶，在高速路上与郑先生的车发生了碰撞，造成了一死三伤的惨剧，而这个事故的死者，正是郑先生年仅4个月的小女儿欣欣。

根据郑先生妻子的描述，事故发生时，孩子就在母亲的怀中，但由于大卡车的剧烈撞击导致郑先生的车身整体外翻，孩子的头部、胸腹部都受到了重创，最终因重型颅脑损伤、胸腹腔内脏器破裂出血以及呼吸骤停抢救无效死亡。

欣欣的离开，让郑先生一家陷入了巨大的悲痛中，在描述欣欣的出险情况时，郑先生的妻子也承受了巨大的心理压力。因此，在2019年10月保险公司完成保险调查之后，郑先生夫妇告知保险公司，他们尚不能接受孩子身故的现实，需要时间来消化，将推迟邮寄理赔材料的时间。好在，欣欣的寿险理赔有5年的期限，保险公司也对此表示了理解。

2020年2月20日，孩子的母亲将索赔资料整理后邮寄给了保险公司审核。因案件前期已做调查且无疑义，保险公司整理归档材料后便支付第一顺位受益人（被保险人的父母）保险金。

2020年2月27日，保险公司赔付意外身故费用20万元，理赔结束。

二、案例答疑

1. 涉及第三方交通事故应如何处理

关于涉及第三方的交通事故保险公司赔付问题，一般有如下几种情况：

1）由双方的交强险在责任限额内赔偿第三方。剩下的部分，则由双方按事故的责任比例分担，具体以交警出示的交通事故责任认定判定。

2）如果投保了商业保险，可以由商业保险在责任限额内赔付。

3）如果未投保商业险的，则由肇事方承担。

4）如果第三方拒绝赔偿，应向人民法院提起诉讼。

在本案中，被保险人身故，除大卡车司机需要向受益人支付一定的赔偿费用外，受益人还可以向多家保险公司发起意外身故理赔，但由于被保险人不满 10 岁，因此保险金不能超过人民币 20 万元。而对于其他受伤人员，医疗险需要遵循补充原则，也就是大卡车司机如果向其他人支付了医疗费用，则其他人不得再向保险公司索要补充费用；如伤残需要在 180 天后鉴定伤残等级，可向保险公司索要对应的赔付金额。

2. 什么情况下驾驶员无法得到赔付

保单的责任免除一般包含被保险人酒后驾车、无有效驾驶证驾驶或驾驶无有效行驶证的机动车期间。因此在理赔时，无论被保险人是单方事故还是涉及第三方责任，驾驶机动车都需要提供行驶证和驾驶证，以确保符合保险责任。

三、理赔流程要点

为何保单的责任免除包含被保险人酒后驾车、无有效驾驶证驾驶或驾驶无有效行驶证的机动车期间呢？拿无证驾驶来说，该行为属于违法行为，如果撞伤他人并导致他人身故需要承担的法律责任包括两方面：一是民事上的赔偿责任，需要根据责任的多少承担赔偿责任；二是刑事责任，无证驾驶撞人，已经构成了交通肇事罪，一般来说没有加重情节的话应该判刑3年以下。

《刑法》第一百三十三条规定：

> 违反交通运输管理法规，因而发生重大事故，致人重伤、死亡或者使公私财产遭受重大损失的，处三年以下有期徒刑或者拘役；交通运输肇事后逃逸或者有其他特别恶劣情节的，处三年以上七年以下有期徒刑；因逃逸致人死亡的，处七年以上有期徒刑。

例如，酒后驾车发生事故后，民事赔偿部分的主要处理依据是《中华人民共和国民法典》《中华人民共和国道路交通安全法》《最高人民法院关于审理人身损害赔偿案件适用法律若干问题的解释》以及《最高人民法院关于确定民事侵权精神损害赔偿责任若干问题的解释》。

根据上述规定，交通事故造成受害人财产损失的，应当赔偿受损人的直接和间接损失；造成受害人伤残的，应根据具体情况赔偿伤残补助金、医疗费、误工费、精神损失费、被扶养人生活费等费用；造成死亡事故的，应赔偿死亡赔偿金、丧葬费、精神损失费、被扶养人生活费等费用。因此酒后驾车保险公司不承担保险责任，这也是为了防止他人规避法律问题，不承担该有的民事责任。

四、案例启示

1. 车祸急救措施

1）判断：根据车祸的种类、伤害的部位、伤势的轻重进行判断。常见的车祸受伤情况一般有：出血、骨折、肌肉撕裂、内脏出血、眼球破裂等。

2）急救：在场者应立即拨打 120 急救或速送医院；如呼吸、心跳停止应立即进行人工呼吸按压；如遇到出血者，可用纱布或把衣服撕成条代替止血带，或者用手指按压出血处，保护伤口不被感染；如有骨折的人员，应设法固定；如果遇火灾，应迅速远离现场并脱去衣物，或者采取用冷水泼到身上等方法。

2. 车险的购买原则

1）优先购买足额的机动车第三者责任险（以下简称"第三者责任险"）。在汽车保险险种中，第三者责任险最为重要。毕竟他人的赔偿是免除不了的，因此购买汽车保险时应该将保持赔偿他人损失的能力放在第一位。如果没有购买的情况下，在事故出现后，会对你的资产财产造成损失。因此，为了避免类似麻烦，需要足额购买第三者责任险。

2）第三者责任险的保险赔偿金额要参考所在地的赔偿标准。全国各个地方的赔偿标准是不一样的，据汽车保险赔偿的最高标准计算，如果致使第三者死亡一人，深圳地区最高赔偿金额可达到 150 万元，北京地区最高可能也能达到 80 万元。举例来说，2008 年的一场事故中，被保险人在交通事故中负全部责任，致使第三者死亡一人，死者 30 岁，北京城市户口，估计需要赔偿 60 万元，因此第三者责任险十分重要。

3）买足机动车车上人员责任险后，再购买机动车车辆损失责任险（以下简称"车损险"）。首先开车的人员一般是被保险人，建议如果没有其他意外保险和医疗保险的车主，给自己上个 10 万元的司机险，作为医疗费用，也是对家人负责。乘客险则是如果乘客乘坐概率高，可以投保金额多些，比如每座 5 万～10 万元，也是对家人和乘客负责。如果乘客乘坐概率低，每座保 1 万元就比较经济。

4）购买车损险后再买其他险种。

5）购买三者险、司机乘客座位责任险、车损险的免赔险。

6）其他险种（盗抢险、玻璃险、自燃险、划痕险）结合自己的需求购买。比如盗抢险、玻璃险、自燃险、划痕险等其他险种，在汽车风险中，相对于上述 5 种风险，不会对家庭幸福和财务造成致严重的影响。因此，建议根据需求来购买。首先车险一般都是保障车主本人，如果有配置第三方责任险时才能配置该险种。

第五节　意外险理赔实录二：刑拘！骗保被判 11 年

古话说："居安思危，思则有备，有备无患。"我们不知道明天和意外哪一个先来，而我们能做的，则是在有限的认知和能力之下，尽可能地为自己构筑更强大的防护网，而意外险则为每个人提供了最大的保护。

一、案例重现

意外险是个人和保险公司合作完成的一份个人生活安心保障，但有人却试图在其中浑水摸鱼，赚取不义之财。

王先生，于 2019 年 7 月为自己在平台上投保了 4 份不同保险公司的短期意外险，4 份保险加起来的身故伤残赔偿金达到了约 430 万元。2019 年 10 月 16 日，王先生向保险公司进行了伤残报案理赔，理由是在家不慎跌倒撞到了马桶上，导致自己头部颅骨骨折、左耳失聪，经医院鉴定，确认构成了 8 级伤残。

2020 年 3 月，王先生向保险公司发起了伤残理赔申请，而他的鉴定结果显示为一耳听力损失大于等于 91 分贝，且另一耳听力损失 41 分贝，直接构成了 7 级伤残。但与此同时，保险公司却在调查中发现，王先生不仅在线上同时购买了多份保险，并且也通过线下保险公司购买了多达 30 多份意外保险，所有意外险的保额累计达到了 2000 万元以上。如果王先生本次的理赔申请通过的话，他将获得 600 多万元的赔付金额。

频繁的投保行为和高额的赔付金额，让各家保险公司的心里都打上了一个问号。

2021 年 6 月 10 日，在多家保险公司的联合调查下，确认王先生的行为为恶意投保，他在投保前背负大额高利贷，且在报案之后伪造鉴定书，企图诈骗大额保险金。最终，法院判处王先生有期徒刑 11 年。

二、案例答疑

1. 意外险可以多次赔付吗

从上述案例中可以看出，伤残理赔可以重复在多家保险公司报销，身故和住院津贴险也是如此。短期意外险部分保险公司对产品是没有限制投保额度的，且健康告知较为宽松。因此不少想要赚快钱的人钻漏洞，大量投保意外险。而意外险的医疗报销的金额不能超过实际支付的金额。

2. 伤残鉴定的注意事项和申请流程是什么

在保险期间被保险人遭受意外伤害，并在该意外伤害发生之日起 180 日内因该意外伤害造成意外伤残，人身保险保单需要按照中国保险行业协会发布的《人身保险伤残评定标准》中伤残等级所对应的保险金给付比例（见表 2-2）乘以保险金额给付残疾保险金。如第 180 日治疗仍未结束的，需要按照当日的身体情况进行伤残评定，并据此给付残疾保险金。

1）被保险人因同一意外伤害造成两处或两处以上伤残时，保险人根据《人身保险伤残评定标准》规定的多处伤残评定原则给付残疾保险金。

2）被保险人如在本次意外伤害之前已有残疾，保险人按合并后的残疾程度在《人身保险伤残评定标准》中伤残等级所对应的给付比例扣除原有残疾程度在《人身保险伤残评定标准》中所对应伤残等级的给付比例，给付残疾保险金。

表 2-2　人身保险伤残等级所对应的保险金给付比例

伤残等级	给付比例
一级	100%
二级	90%
三级	80%
四级	70%
五级	60%
六级	50%
七级	40%
八级	30%
九级	20%
十级	10%

申请流程可照以下处理：等伤情恢复后，如果需要鉴定，要提前通知保险公司，双方共同选择鉴定中心。保险公司工作人员最好到场，保险公司不会承担鉴定费。如果没有指定鉴定中心，可提前告知保险公司去哪家机构鉴定，让保险公司核实该鉴定中心有无相关鉴定资质，核实资质后约定好时间一起过去鉴定。

三、理赔流程要点

1. 骗保金额达到多少会构成保险诈骗罪

保险诈骗罪是指以非法获取保险金为目的，违反保险法规，采用虚构保险标的、保险事故或者制造保险事故等方法，向保险公司骗取保险金，且数额较大的行为。随着中国保险事业的迅速发展，保险欺诈事件时有发生，一些不法分子利用保险制度上的一些漏洞进行保险诈骗活动。其所诈骗的保险金额都比较大，一旦得逞，不仅严重扰乱了保险业的发展，危及人民所享有的保险福利，而且还会给国家造成重大的经济损失。

2. 保险意外诈骗的后果

《刑法》第一百九十八条的规定：

……进行保险诈骗活动，数额较大的，处五年以下有期徒刑或者拘役，并处一万元以上十万元以下罚金；数额巨大或者有其他严重情节的，处五年以上十年以下有期徒刑，并处二万元以上二十万元以下罚金；数额特别巨大或者有其他特别严重情节的，处十年以上有期徒刑，并处二万元以上二十万元以下罚金或者没收财产……单位犯第一款罪的，对单位判处罚金，并对其直接负责的主管人员和其他直接责任人员，处五年以下有期徒刑或者拘役；数额巨大或者有其他严重情节的，处五年以上十年以下有期徒刑；数额特别巨大或者有其他特别严重情节的，处十年以上有期徒刑。

3. 高额意外险为什么容易构成保险欺诈风险

有很多理赔行业的人员认为，我国当前的保险诈骗具有三大特点。

一是车险诈骗案件高占比。在所有保险诈骗案件中，车险诈骗的占比超过80%，此数据与车险在财产险中的占比基本吻合。诈骗分子通常利用豪华二手车实际价值和投保时车险现值之间的差额牟取保险金，故意制造交通事故。

二是意外险的作案手段非常毒辣。在所有保险欺诈案件中，意外险欺诈中绝大多数存在故意剥夺他人生命（其中仅有极少数的案件是进行自残的），其社会危害性最大，是保险诈骗指数最高的案件。例如，2018年，身负高额高利贷的蒋某，为了偿还自己的债务，心生歪念，将自己的女儿骗到水库玩耍，并使用残忍的手段，将女儿按压到水底溺毙。随后，蒋某将现场伪造成孩子失足落水的意外事故。再如，2013年，江苏常州男子剥夺妻子生命。这些诈骗案件实施保险欺诈的险种载体均为意外险，希望通过保险诈骗增加经济收入。

三是"带病投保"健康保险。在所有保险欺诈案件中，带病恶意投保的情节占比较高。例如，河南的王某在购买保险前腿部有严重的外伤，为了获取保险金故意制造车祸。

因此，在保险经营中，对于高额意外险的把控是块非常大的短板。

四、案例启示

保险公司怎么确认骗保？

1）保险公司会成立保险反欺诈部门或专门有团队进行保险反欺诈调查。

2）保险公司通过搜集欺诈数据，对保险事故发生的时间、地点、标的、索赔人等信息进行筛选，初步识别和选择存在保险欺诈的信息点，对于比较可疑的案件会启动调查程序，对事故发生的真实性进行确认，对是否扩大损失进行确认，对事故是否发生进行确认,另通过询问当事人等方式对事故发生的经过、原因等进行确认,通过向第三方机构进行调查等方式以识别是否骗保。如果保险公司取得了骗保的初步证据,会向公安机关进行报案,要求追究相关诈骗人的刑事责任。

3)最大诚信是保险的基本原则,诚信投保,诚信理赔,是对保险公司的要求,也是对投保人、被保险人及受益人的要求。

第六节　意外险理赔实录三:意外摔伤身故,保险公司却不予赔付,究竟是为什么

人的身体就像一部常年运行的机器,不管如何精心呵护,都会随着时间的推移而显出老态,变得脆弱易折。老年人随着年龄的增长,身体各个部位的器官机能会逐步衰退,如若不幸发生意外,通常会带来严重的后果。

一、案例重现

焦女士和爷爷相依为命,为了维持爷孙俩的生计,焦女士长期在外地打工,但她的薪资并不丰厚,仅仅是负担家里的日常支出已经很吃力了。因此,焦女士特别忧心爷爷的身体,害怕爷爷的生老病死会超出她所能承受的范围。爷爷年纪渐长,已经不具备购买社保的资格,为了给爷爷的生前身后谋一份保障,焦女士给爷爷购买了一份父母综合意外险。该产品性价比非常高,一年保费仅188元,保障期限为1年,其保障责任不仅包含了意外医疗保险,还包含了住院津贴险,无免赔额,报销比例为社保范围

内的 100%。

可不幸的是被保险人在投保一个月后不幸发生意外事故。2020年1月被保险人在上洗手间时不慎摔伤，倒地不起。焦女士发现后第一时间呼叫120，救护人员到场后已发现老人呼吸微弱。在送往医院途中老人已心脏骤停。老人的死亡给了焦女士很大的打击。

2020年2月4日，办完爷爷的身后事，收集被保险人资料后焦女士发起身故理赔申请。

2020年2月24日，调查结束，该案件保险公司最终审核结果为不符合意外责任拒赔。焦女士的先见之明并没有真正帮到她，这是为什么呢？让我们先来看看事情的发展是怎样的。

保险公司的调查结果显示，被保险人最终身故的直接原因是慢性阻塞性肺疾病。慢性阻塞性肺疾病是一种具有气流阻塞特征的慢性支气管炎和（或）肺气肿，可进一步发展为肺心病和呼吸衰竭的常见慢性疾病。与有害气体及有害颗粒的异常炎症反应有关，致残率和病死率很高，全球40岁以上发病率已高达9%～10%。因此本次为非意外身亡，该案件拒赔结案。

二、案例答疑

1. 什么是近因原则

近因原则，是指保险人只有在造成损失的最直接、最有效原因为承保范围内的保险事故时才承担保险责任，对承保范围外的原因引起的损失，不负赔偿责任。

也就是说，保险事故的发生与损失事实的形成，两者之间必须有直接因果关系的存在，才能构成保险赔偿的条件，如果不是直接有效的原因，则会被拒绝赔偿。这也就解释了为什么有的投保人确实投保了意外险，也确实发生了意外伤害，但是被拒绝赔偿的问题。

2. 老人的身故近因是什么

在本案中，被保险人是因为意外摔伤的，在急救途中身故。在法医的尸检报告中，被保险人的致死原因并非头部外伤，而是慢性阻塞性肺疾病的急性发作。那这是一种什么样的疾病？急性发作时会导致什么样的情况？

该疾病致死率较高，气短或呼吸困难为主要症状，且严重时会出现身体疲乏、消瘦等情况。慢性阻塞性肺疾病急性发作期一般会出现严重的咳嗽，比较剧烈，一般会伴有喘憋。如果抢救不及时，则会导致被保险人胸闷气短以及呼吸严重受阻，从而错过最佳救治时间。因此按照近因原则，导致被保险人最直接身故的原因是疾病。

用两个典型的案例来给大家解释一下：

案例一：张三患有心脏疾病，他在高速路上驾驶时突发心梗，随后导致车辆失控撞向了路边，张三也因此身亡。事故发生后，法医诊断直接死因为急性心肌梗死。

解析：根据法医的尸检报告单，导致客户失控撞向路边身亡的并非汽车或其他人为问题导致的事故，因此心肌梗死是直接导致被保险人身故的直接原因，是属于疾病范畴，与意外没有直接关系。

案例二：张三在高速路上正常驾驶，为了避开前方发生的重大事故，张三的车撞上了路边围栏，导致张三全身粉碎性骨折，最终因失血过多、呼吸衰竭而身故。

解析：被保险人身故的直接原因是车祸导致的粉碎性骨折、失血过多未得到及时的医治导致呼吸衰竭而亡，因此属于意外险的赔付范围。

三、理赔流程要点

1. 个人伤害意外险和意外医疗险的区别

单独的意外险，只赔付伤残死亡的费用，例如长期的意外险。只有条款中保了附加险，附加意外医疗或者意外住院津贴，才会赔偿医疗和住院津贴费用。因此投保时应看清楚产品条款组合附加险保障什么。

2. 怎么判断是属于疾病还是意外

意外险有三层含义：① 必须有客观的意外事故发生，且事故原因是意外的、偶然的、不可预见的；② 被保险人必须因客观事故造成人身死亡或残疾的结果；③ 意外事故的发生和被保险人遭受人身伤亡的结果，两者之间有着内在的、必然的联系。

符合以上三种情况才能属于意外。在意外理赔范畴中，也有些人会说意外怀孕属于意外吗？意外怀孕是一种正常的生理现象，其怀孕的结果是可预见的，既不属于疾病，也不属于意外，并不在保险责任"疾病"的范畴内。

四、案例启示

1. 意外险不符合健康告知会被拒赔吗

一般只要能正常生活和工作的自然人都是可以购买意外险的，因此，像高血压、糖尿病和癌症患者都是可以购买意外险的，只要发生的意外不是因为疾病而导致的就可以理赔。但也有保险公司会针对某些特殊的疾病进行限制，比如癌症、身体残障等，其原因主要是保证客户在投保时不会因为这些原因有自残、自杀的念头，维护良好的保险行业环境。

而且意外险对于一些职业是有限制的，比如高危职业、高危运动等都不符合保险公司投保要求，限制职业告知的原因主要是高危职业在作业中出险率较大、致死率较高。因此保险公司针对该类人群会有投保限制，因此为了顺利理赔，需要关注健康告知问题。

2. 保险公司拒赔可以通过哪些方式申诉

对于理赔难这个问题，大部分的原因是被保险人在理赔过程不清楚保险条款，在理赔时会因为保险公司少赔、拒赔等原因产生理赔纠纷。面对这个问题，首先我们需要了解的是产品的条款，是否有涉及不符合健康告知或职业不符合的问题；其次，需要确认病历，如果是因为意外出险，而医生误诊，该情况是可以和医生确认病历并修改的。因保险合同发生的争议，由当事人协商解决。协商不成的，提交保险单载明的仲裁机构仲裁；保险单未载明仲裁机构或者争议发生后未达成仲裁协议的，依法向人民法院起诉。

3. 短期意外险和寿险的区别

如果司机王某患有心脏病，在高速上行驶时突然心梗而导致车辆撞向路边死亡，那么被保险人死亡的直接原因是心脏病发作，而非操作不当导致车辆失控，因此保险公司可以拒赔该案件。

如果王某投保了意外险也投保了寿险，这种情况是否能理赔呢？

在排除健康告知没有问题后，被保险人因为心脏病发作导致行驶时失控意外身故，寿险是可以赔付的。原因是寿险除了意外身故可以赔付，疾病身故也在保障范围。除了保障范围的不同，对职业和收入都会有一些不一样（具体以产品条款为准）的要求。

因此作为家中的顶梁支柱的个人，除了需要配置短期意外险，还需要配置寿险和重疾险，配置重疾险的作用就是得大病时能够直接获得一大笔保险金额，能够安心治疗，不必担心巨额的医疗费用压垮家庭支出，同时再配置一份百万医疗险——无论是重疾还是普通住院医疗都能得到补充保障；而配置寿险的作用是为了后续给家人一份保障，毕竟万一家庭支柱没有了，家里的老小就失去了主要经济来源。

第七节　意外险理赔实录四：产后抑郁酿成悲剧，少儿意外险是否会赔付

在孩子的成长过程中，有太多的风险潜伏在身边。相信每一个为人父母的人，都有过因为孩子的意外磕碰而提心吊胆的经历，而这个过程，需要有父母和少儿意外险的共同守护。

一、案例重现

王先生拥有一个美满的家庭，一个与他心心相印的妻子和一个于 2019 年刚刚来到这个世界的女儿，有了妻子和孩子的陪伴，王先生的生活处处充满了愉悦和幸福。

在孩子的成长中难免有些磕碰，尤其是王先生的女儿是一个精力旺盛的孩子，以至于王先生和妻子都时不时担心女儿的安全，生怕她碰到什么意外。为此，在女儿一岁大的时候，王先生为她投保了一份少儿意外险，一年保费为 60 元，保障期为 1 年。其中保障责任为：意外伤害身故和残疾，保额为 20 万元；意外伤害医疗，保额为 1 万元，无免赔额，合理医疗费用 100% 赔付（含社保范围内医疗及自费医疗部分治疗费用）。

然而，令王先生万万没想到的是，这份惹人羡慕的幸福并没有持续太久。2020 年 7 月 24 日，是王先生毕生难忘的一个日子，明明一个月前他才给爱女投保了少儿意外险，一个月后，王太太就带着一岁多的女儿，从阳台一跃而下，双双坠亡。这场意外来得太过突然，经过警方调查后，认定案件是王太太由于产后抑郁引发的自杀行为。

2020 年 9 月 15 日，王先生递交相关资料并申请理赔。

2020 年 9 月 30 日，经保险公司调查，王先生女儿坠楼身亡情况属实，符合保险责任，王先生获得理赔金 20 万元。至此，本次理赔结束。

"站在痛苦之外规劝受苦的人，是一件容易的事。"身处痛苦之中的人，想要挽救自己是很难的。一个人的负面情绪和抑郁、焦虑等问题若不能得到及时有效的缓解和治疗，结果是多么可怕。人们总说："为母则刚。"可是在抑郁、焦虑和负面情绪面前，母亲有时也会无能为力，只能在绝望中走上悬崖。

一个真正幸福的家庭，应当是家庭中的每个成员都可以得到关爱和保护。孩子的出生是令整个家庭欢欣鼓舞的好事，也是初为父母的夫妻双方需要共同面对、携手进退的一场持久战役，尤其是双方心理状态的调整和改变，都需要彼此更深地呵护，只有这样，才能让每个人都生活在阳光下，让每个家庭都远离这样的不幸。

二、案例答疑

1. 本案例中少儿意外险是否会进行理赔

意外险对"意外"的定义为外来的、突发的、非本意的、非疾病的客观事件。因此，一般来说，被保险人为跳楼自杀身亡，在大多数情况下属于责任免除条例，应不予理赔。

但根据当地派出所出具的死亡证明，被保险人王先生的女儿

1岁，系坠楼身亡。根据《中华人民共和国民法典》第二十条、二十一条的规定，不满八周岁的未成年人为无民事行为能力人，不能辨认自己行为（患有精神疾病以及智力残疾等）的成年人为无民事行为能力人，因此被保险人为无民事行为能力人。

在少儿意外险的责任免除中特别注明：被保险人自致伤害或自杀，但被保险人自杀时为无民事行为能力人除外。因此在本案例中能够被判定为保险责任，能够进行理赔。

2. 少儿意外险能够赔付的金额是多少

儿童意外保险主要是针对 18 岁以下，因意外发生造成较高医疗费用，或是发生意外导致残疾，甚至死亡的孩子给予的人身意外保障。这种类型的保险一般保费较低，可以作为基础险种购买，适用于大多数经济条件较差的家庭以此保障孩子的意外伤害。

根据《中华人民共和国保险法》第三十三条规定，对于父母为其未成年子女投保的人身保险，在被保险人成年之前，各保险合同约定的被保险人死亡给付的保险金额总和、被保险人死亡时各保险公司实际给付的保险金总和按以下限额执行：

1. 对于被保险人不满 10 周岁的，不得超过人民币 20 万元。

2. 对于被保险人已满 10 周岁但未满 18 周岁的，不得超过人民币 50 万元。

上述案例中被保险人王先生女儿年仅 1 岁，属于无民事行为能力人，因此自杀可最高获得 20 万元赔付。儿童的安全意识不强，面对意外自救能力不足，给孩子配置一份意外险也是给孩子一个坚强的后盾。

三、理赔流程要点与法规

一般情况下，少儿意外险的理赔资料是由申请人委托业务员或亲自到保险公司提交的。在提交的过程中，若申请人的材料发生材料不齐、材料不符、发票不符的情况或超过提交时点的时间太久，就可能导致不能获赔或理赔需要很长的时间，这样也很容易导致理赔纠纷。

那么，出险后我们应该怎么做呢？

1. 给孩子买少儿意外险后出险，何时报案最合适

给孩子买少儿意外险后出险，需要直接拨打保险公司客服电话（保单上保险公司电话）进行报案，最好是在3日内。若是报案不及时，可能会导致保险公司无法确定的部分损失以及扩大的部分损失，造成拒赔的后果。

2. 申请理赔时，应该收集哪些资料

申请理赔时，需准备保险金给付申请书、被保险人的身份证复印件（二代身份证正反面）或是户口本复印件、收款人身份证复印件、索赔申请人与被保险人的亲属关系证明材料复印件（可用户口本或是出生证明等），还有就是能够确认事故性质、原因以及伤害程度的相关证明材料，以上是申请理赔时必需的材料。

除了以上材料外，还需要根据意外伤害的程度补充一些资料。例如，被保险人若发生意外，则在意外伤害发生之日起180天内需要进行伤残等级鉴定，并且需要由司法机构或是三甲医院出具《伤残鉴定书》。如果被保险人因为意外身故，则需要提供

死亡证明以及火化证明原件、户籍注销证明原件、事故的证明原件和保险金分配公证书等。

3. 儿童意外死亡赔偿如何计算

据统计，我国每年有超过 20 万名儿童因为意外伤害而死亡，平均每天有超过 540 名儿童死于意外。那么儿童意外死亡赔偿如何计算呢？

依据规定，丧葬费按照受诉法院所在地上一年度职工月平均工资标准，以六个月总额计算。死亡赔偿金按照《最高人民法院关于审理人身损害赔偿案件适用法律若干问题的解释》第十五条：

> 死亡赔偿金按照受诉法院所在地上一年度城镇居民人均可支配收入标准，按二十年计算。但六十周岁以上的，年龄每增加一岁减少一年；七十五周岁以上的，按五年计算。

死亡赔偿金是对受害人作为一个民事权利主体生命权的丧失（死亡）做出的赔偿。公民从出生时起到死亡时止，具有民事权利能力，依法享有民事权利，承担民事义务。而生命权则是一切权利的基础和前提，任何生命权的丧失都是公民民事权利能力的丧失。

4. 赔付时间

（1）身故保险责任

被保险人自意外伤害发生之日起 180 日内以该次意外伤害为

直接原因身故的，保险人按保险单所载该被保险人意外险金额给付身故保险金。被保险人因遭受意外伤害事故且自该事故发生日起下落不明，后经中华人民共和国法院宣告死亡的，保险人按保险金额给付身故保险金。但若被保险人被宣告死亡后生还的，保险金申请人应于知道或应当知道被保险人生还后 30 日内退还保险人给付的身故保险金。被保险人身故或被宣告死亡前保险人已给付本条款约定的残疾保险金的，身故保险金应扣除已给付的保险金。

（2）残疾保险责任

被保险人自意外伤害发生之日起 180 日内以该次意外伤害为直接原因致保险合同所附《人身保险伤残评定标准》所列残疾之一的，保险人按保险合同所载的该被保险人意外险金额及该项残疾所对应的给付比例给付残疾保险金。如自意外伤害发生之日起第 180 日时治疗仍未结束，按第 180 日的身体情况进行鉴定，并据此给付残疾保险金。如被保险人的残疾程度不在所附《人身保险伤残评定标准》之列，保险人不承担给付残疾保险金责任。

四、案例启示

1. 不要忽略产妇的小情绪，产后抑郁就在你我身边

在本案例中，酿成这出悲剧的罪魁祸首，是产后抑郁。产后抑郁是指女性于产褥期出现明显的抑郁症状或典型的抑郁发作，与产后心绪不宁和产后精神病同属产褥期精神综合征。中国每年

有超过 1500 万个新手妈妈，其中，60%～80% 的女性在孕期和产后会有不同程度的抑郁情绪，接近 20% 会发展为临床抑郁症。

产后抑郁需要被重视，孕妇更需要得到关爱。由于在怀孕期间会出现各种潜在的风险，此时购买保险能够在一定程度上帮助减缓焦虑，给准妈妈带来安全感，从而能够使其保持愉悦的心情。

2. 儿童安全危机，家长处处须留心

据调查统计显示，意外伤害具有发生率高、死亡率高等特点。已经成为我国 14 岁及以下儿童的第一死因。且在调查中显示，每 3 名死亡的儿童中就有 1 名是由于意外伤害所导致的。而意外伤害事件发生得最多的几个地点分别为：家中、学校、幼儿园、街道等地。其中，在家中发生的意外伤害事件概率高达 43.2%。

我们将儿童需要注意的避免意外事件发生的地点与需要注意的事件进行了总结（见图 2-1），希望能帮助父母多留意，避免意外伤害事件的发生。

交通意外	出行意外	电器意外	用药意外
①在马路上追逐打闹、踢球、玩耍等事件，没留意来往车辆，所以容易导致交通事故的发生；②小孩子身体娇小，容易成为司机的视野盲区；③没有配备适合孩子的安全座椅，当事故发生时，孩子往往是受伤最严重的，容易被甩出去	最常见的就是家长们疏忽对孩子的照顾，出行的安全意识不到位，导致孩子发生意外事故，例如在游泳池溺水，在游乐场发生意外，被动物咬伤等	家用电器是生活中的好助手，但同时也存在安全隐患，比如热水壶容易烫伤孩子，排插插头存在触电风险等	①儿童的肾脏代谢能力不及成人，很多成人用药儿童都是不能用的。②儿童需要定期接种各类疫苗，部分儿童会产生对疫苗的排斥现象，导致接种失败和造成身体的伤害

图 2-1　意外的类型

第三章　医疗险

理赔似乎没有想象中的那么难

第一节　补偿原则：保额那么高，却赔得那么少

医疗费用保险也就是我们常说的医疗保险，是一种提供医疗费用保障的保险，主要涉及的费用包括：门诊费、药费、住院费、手术费、检查费等。医疗保险在法律上的分类属于人身保险，具有人身保险的属性，以人的身体、生命健康作为保险标的。但是，它又有弥补被保险人费用的损失补偿功能，在某种程度上也具有经济属性。

医疗保险既不能采用人身保险中的定额给付，又不属于传统意义上的财产保险，医疗保险在理赔时，我们经常看到的损失补

偿原则、免赔额、责任免除又是什么呢？

接下来，我们从损失补偿原则开始了解医疗保险。

一、什么是损失补偿原则

损失补偿原则，指当被保险人发生损失时，通过保险人的补偿使被保险人的经济利益恢复到原来水平，被保险人不能因损失而得到额外收益的原则。此原则常适用于财产类保险，但是同样适用于人身保险类目下的医疗保险。那么，医疗保险的理赔为什么要遵守损失补偿原则？损失补偿原则的法律意义是什么？下面我们从理论层面来一起深入了解损失补偿原则与医疗保险的关系。

1. 损失补偿原则为什么适用于医疗保险

目前《保险法》中并没有对损失补偿原则的适用范围进行明文规定，所以该原则是否适用于人身保险、医疗保险，在司法层面存在部分争议。医疗保险通常依附于短期健康保险或意外险，因为其中的医疗费用如医药费是具体的、可计算的，具有明显的财产保险特征，所以理赔实践的主流观点认为医疗保险计算理赔款的方式应该与财产保险保持一致，即医疗保险在归属于人身保险的同时适用财产保险理赔时的损失补偿原则。中国银保监会颁布的《健康保险管理办法》将医疗保险分为费用补偿型及定额给付型，其中费用补偿型医疗保险的给付金额不得超过被保险人实际发生的医疗、康复费用金额，也就是说前者在理赔时适用损失补偿原则。

医疗保险通常会在条款中明确注明：若被保险人已经从其他途径获得赔偿，那么保险公司仅仅针对剩余的其他费用进行赔偿。从损失的本质分析，被保险人身体患有疾病或遭受意外时，经过治疗产生的医疗费用是客观真实存在的，是可以度量的，因此可以将其视为损失赔偿的重要依据。

2. 损失补偿原则的法律意义

损失补偿原则设立的宗旨，在于维护保险双方的正当权益，真正发挥保险的经济补偿功能，防止诱发道德风险。如果否认损失补偿原则在医疗保险中的适用，势必会增加投保中的道德风险，在实践中可能会出现客户同时投保多家保险公司的医疗保险，小病大养，并获得多家保险公司的赔付，医疗费用支出越大，牟取的利益就越多，在占用社会医疗资源的同时，也违背了社会公平，扰乱了保险市场的正常秩序。

在市场经济的作用下，道德风险不可避免，但是可以通过法律与制度来制约，损失补偿原则就是制约方式的一种，可以有效减少以营利为目的的保险欺诈行为。

二、医疗险损失补偿原则的常见问题

1. 何为实际损失

在医疗保险的理赔实践中，实际损失即扣除被保险人在其他途径获得的补偿后，剩余的医疗费用支出金额。该约定普遍在保险合同的格式条款中有所描述。

2. 如何计算经多方报销后的实际损失

在理赔实践中，客户如果同时具备社会医疗保险，或同时购买了多份商业医疗保险，在理赔时常常会对理赔金额的计算产生疑问。一般情况下，商业医疗保险的理赔款计算公式如下：

$$最终赔付金额 = (账单金额 - 保障范围以外的费用金额 - 第三方报销金额 - 免赔额) \times 赔付比例$$

其中免赔额与赔付比例根据保险产品的条款、特约描述来执行。"第三方报销金额"在这里特指保险人与被保险人以外的第三方机构或个人就此费用进行报销的金额，机构包括社会医疗保险及商业医疗保险或其他社会组织机构，个人常见于涉及意外事故的责任人。在这里，常常有人会问，第三方报销金额能否抵消保障范围以外的费用金额，这个问题涉及了第三方报销的费用明细是否列明、不同保险产品的特别约定以及条款是否对这种情况有所约定，本节末尾会结合实际案例进行详细的分析。

3. 在拥有多张生效中保单的情况下，如何理赔才能实现保额的最大利用率

（1）保障内容，优先选择保障范围小的保单

不同的保险产品对应的保障内容不同，即便是同类产品，保障范围也会有细微的差别。当被保险人出险的情况同时符合多张保单的保障范围时，优先使用针对性强的保单进行理赔，避免占用保障范围大的保单额度，为未知风险预留保障额度。举一个常见的例子，被保险人因意外受伤，门诊就诊花费3000元，被保险人同时拥有3000元保额的门诊医疗与3000元保额的意外伤害医疗两张生效中的保单，那么抛去其他因素，我们单就事故类型

来看，优先使用意外伤害医疗保险进行理赔，可以为未来有可能发生的疾病及意外门诊医疗预留保障额度。反之，剩余的保障只局限在意外伤害范围内。

（2）保障时间，优先选择临期保单

很多消费者会在原有保障未失效的基础上，通过再次购买同一款或同类产品，增加保障额度，提高抗击风险能力。那么出险后优先使用剩余保障时间短的保单进行理赔，可以提高保额利用度。

（3）产品费率，优先选择理赔不影响续保费率的保单

以医疗保险作为主险的保险产品，常常以短期保险的形式进行售卖，而短期保险属于不保证续保的保险类型，关于保单的历史理赔情况是否影响续保，需要在购买及理赔时留意。大多数医疗保险的费率变化仅与被保险人年龄相关联，但是部分产品会在投保页面明确说明理赔后不予续保或以一定程度上浮费率，那么优先选择不影响续保的产品进行理赔的好处是显而易见的。

在理赔实践中，各类因素常常同时存在，需要被保险人根据实际情况与需求进行衡量，有时候没有绝对的最优方案，但是可以在各类得失之间权衡后选择最愿意接受的方案。

三、案例分析

随着大众风险意识的提高，越来越多的人通过购买多份保险来抵抗风险，那么保险事故发生后，人们常常面临应选择哪张保单进行理赔的问题？下面我们就一个简单的医疗险案例来分析处理方法。

张女士于 2020 年 9 月及 2021 年 1 月分别购买了保险公司 A 和保险公司 B 的两款补偿型商业医疗保险，保险期间各为 1 年。2021 年 6 月，张女士生病住院共花费 8600 元，社会医疗保险报销了 3600 元。

通过了解，两家保险公司都愿意在对方赔付后全额赔付剩余被保险人损失部分，那么张女士应该先找哪一家公司理赔就是一个值得思考的问题。

这是一个补充性商业保险之间的竞合分配问题，受益人可以自行选择补充模式中的保险顺位。笔者认为张女士可以先找保险公司 A 申请理赔，因为两款保险的保障期限均为 1 年，每张保单的赔付额度是有限的，如果一张保单的赔付额度已用完，剩下的保险期间就无法再获得该保单的理赔了。所以优先使用离保障失效时间近的保单，能够更大程度地保障被保险人的权益。

第二节　免赔额：小风险自留，大风险交给保险

一、什么是免赔额

免赔额，是指免除赔付的额度，即在保险合同规定数额之内的损失由被保险人自行承担，保险人不负责赔偿。免赔额的设定常见于补偿型保险，如财产保险、医疗保险等。免赔额的设定，是通过减少额度小发生率高的赔案，降低保险公司理赔的人力成本，从而间接减少客户的保费支出，全力以赴地保障客户遭遇大风险时的保险权益。

常见免赔额分类

（1）绝对免赔额

绝对免赔额，是指在保险人做出赔付前，扣除的一定数量的损失金额，这部分需要被保险人自行承担。如果被保险人损失的金额未达到免赔额，那么此次损失赔付金额为零。绝对免赔额按照计算方式可以分为定值免赔及比率免赔，前者是固定的免赔数值，后者是固定的免赔比率。绝对免赔额按照执行方式可以分为次免赔额及累计免赔额，前者指按照保险事故发生的频次进行扣减，后者指在该保单年度只需扣减一次免赔额，如果前次事故已扣减完全，下次事故的赔付无须再进行扣减。

扣除绝对免赔额后的保险理赔金额计算公式：

保险理赔金额 =（医疗总花费 − 免赔额）× 赔付比例

（2）相对免赔额

相对免赔额，是指保险合同中规定保险人承担赔偿责任的起点限额，如果被保险人的损失低于规定的比例或金额，保险人不承担赔偿责任，但当损失高于规定的比例或金额时，保险人将赔偿全部损失。这种免赔额的设定并不具有普遍意义，局限应用于小部分无夸大损失风险的保险场景，例如海上运输保险。

（3）更加灵活的其他免赔额计算方式

随着金融业的蓬勃发展，保险产品的设计也变得多样化，其中关于免赔额的设定也不再局限于以上两种类型。

财产类保险的免赔额设计相对较灵活，例如一些车辆损失保险，同责任类型不同事故类型的免赔额或免赔比率也是不同的；公众责任保险常常会设置混合型的免赔额，比如一定的免赔数值与免赔比率，择高扣减；住院津贴险常常会有免赔天数的设定，而住院津贴的计算是以住院天数乘以每日津贴额度，那么扣减一定的天数，等同于扣减了固定的免赔金额。

在医疗保险产品中，绝大多数免赔额的设定类型为绝对免赔额，其中高频次理赔、低保障额度的门（急）诊或住院医疗险种，常常为次免赔，每次意外事故均需进行相应扣减，而高保额医疗费用保险常常为累计免赔额，一个保单年度扣减额达到该免赔额设定值以后无须再扣减。除此以外，医疗费用保险常以固定赔付比例的方式进行间接的免赔设定，比如赔付比例为80%，那么等同于20%的免赔率，以不同的说辞达成相同的目的，这一点消费者在购买保险时也需要留意。

二、免赔额在医疗费用保险理赔实务中的关注点

在理赔实务中，受益人常常会问：是否所有损失或花费都能够计入免赔额？对于医疗费用保险主要有两种损失不能够计入免赔额。

1）社会医疗保险基金及其他机构或个人对于医疗费用进行补偿的金额不能计入免赔额，因为理赔时需要遵循损失补偿原则，受益人的补偿金额要以实际损失为限，不能获得额外的收益。

2）保险合同中列明的保险责任范围以外的损失不能计入免赔额，因为"免赔额"是指免于赔付的金额，也就是说这部分金额出自本应该赔付的部分，责任范围外的损失不属于这部分，那自然也不能抵消。

三、免赔额的采用原因及目的

免赔额的采用，站在理赔的角度直观来看维护了保险公司的利益，减少了一定的赔付成本，但是从保险产品整体来分析，会发现免赔额的采用对于消费者与保险公司都是有利的。保险产品在费率拟定阶段通常需要参考同类产品的历史赔付数据来估算赔付成本，其中包括出险概率及理赔金额的分层统计，去除掉一定理赔额度内的案件后，赔付实际成本及间接成本（理赔人力成本）相应减少，费率相应下调，也就是说投保人需要支付的保险费有所减少。这样来看，免赔额的设定，不仅可以降低保险人的理赔成本，还能够使投保人享受到缴纳较低保险费的好处，即小风险自留，大风险交给保险。

四、案例分析

当下保险市场比较热门的百万医疗险产品普及度较高，其关于免赔额的理赔问题也较多。最常见的是关于"1万元免赔"的咨询：每次住院免赔额为1万元，那么可以理赔的费用岂不是所剩无几？

其实这类问题的产生主要源于大众对于"次免赔"的固定认知。百万医疗险的免赔额设定，通常不再沿用意外医疗类保险的每次事故必扣减免赔额的计算方式，而采用累计免赔额的计算方式。下面我们结合一个简单的案例分析此类免赔额的计算方式。

王先生于今年年初给自己购买了一份百万医疗险，该保险的医疗费用保额为 100 万元，年度免赔额是 1 万元。购买保险不久，王先生因生病住院，产生合理医疗费用 0.6 万元。王先生就这次住院向保险公司申请了理赔，没有得到任何赔付，但抵扣了他 0.6 万元的年度免赔额。

　　同年，王先生再次因病就诊并产生了 2 万元的合理医疗费用，这一次，王先生通过向保险公司申请理赔，获得了 1.6 万元的理赔款。不久之后，王先生第三次住院治疗，并产生了 8 万元的合理医疗费用，出院之后，王先生再次向保险公司申请了理赔，并且获得了 8 万元的理赔款。

　　在此案例中，王先生购买的百万医疗险采用的是绝对免赔额，免赔额的数值是确定的 1 万元，而执行方式属于累计型的免赔额，同一保单年度的损失可以累计计算。因为第一次理赔时已扣减 0.6 万元的免赔额，所以第二次理赔只扣减了剩下的 0.4 万元的免赔额，而前两次申请理赔已累计足额扣减免赔额 1 万元，所以最后一次理赔无须再扣减。换句话说，该保单的免赔额不受理赔次数的影响，一次出险跟多次出险，只要责任范围内的金额不变，总计理赔款是一致的。

第三节　责任免除：医疗保险中的 8 大约定免责事由

　　责任免除，也称为除外责任，是保险合同中规定的保险人不负责赔偿的某些事故情形或特定损失范围。根据免责条款的出处，可将其分为法定免责事由与约定免责事由。常见法定免责事由已经在第二章第三节中详细阐述过，下面，我们再来看看医疗险中的常见约定免责事由具体有哪些。

一、常见医疗险约定免责事由

1. 既往症

既往症指被保险人在初次投保或连续投保前所患疾病；等待期内出现的疾病、症状或体征；等待期内接受检查但在等待期后确诊的疾病。

对于既往症的释义，不同保险公司、不同保险产品略有不同，这些细微的不同对理赔的影响不容小觑，是否属于既往症在核定保险责任环节会产生全或无的影响。那么为什么很多保险产品将等待期内出现的疾病、症状或体征也定义为既往症？单纯从文字的角度来看是不够合理的，"既往"本应该代表投保前的情况，这样的定义在时间的维度缩减了保障。其实，这些限定性的解释并非保险公司设立的"陷阱"，而是因为在过去没有这些限定时，滋生了大量恶意带病投保的理赔案例，造成疾病类保险产品亏损严重。增加此限制后，很少有人会在明显觉察到身体健康异常的情况下，投保成功后拖延至等待期以后再去就诊，这样的限制能够较大程度地减少逆选择⊖风险客户的投保，毕竟大多数人对生命健康的重视程度远远大于碎银几两。

⊖ 指投保人所做的不利于保险人的合同选择，即投保人在投保时往往从自身利益出发，做出不利于保险人利益的合同选择，使保险人承担过大风险。

2. 精神性疾病

精神性疾病，特指精神和行为障碍，比较常见的几种类型有：抑郁症、焦虑症、精神分裂症、强迫症及狂躁症等。

精神性疾病大多数无法根据客观的检验检查指标来衡量其严重程度，部分类型疾病的恶化也具有一定的不可控性，整体来看预后较差。所以对于精神性疾病带病群体，保险公司通常在承保环节就会以健康告知的方式进行筛除。但是，现如今随着社会压力的增大以及大众对于自身健康意识的提升，很多轻度抑郁或焦虑病例被确诊，而这部分群体大多数通过合理的心理调节及短期的药物治疗即可得到有效的治疗，甚至做到完全康复。

因此，很多保险产品在升级迭代的过程中迎合市场需求，非常人性化地对轻度抑郁、轻度焦虑且已治愈的群体进行扩展承保。因为精神病患者的认知、情感、行为与常人有明显的不同，而这些异常可以通过患者自我觉察或亲友的观察沟通进行初步判断，因此此类疾病的保险逆选择风险较高，特例承保并不代表此类疾病的发生能够得到理赔。目前除部分特殊企业定制的团体保险，在市面上很少能够找到在售的含精神疾病保障的医疗保险。

3. 先天性疾病

先天性疾病，是指人一出生时就具有的疾病。先天性疾病是受遗传物质或孕期环境的影响，导致婴儿出生时就存在一系列健康异常状况。

众所周知，保险是一种规避风险的手段，其可保风险必须是不确定性的。而先天性疾病是出生前就已经形成的，即便组织、结构的异常程度轻微，对身体的健康影响程度较小，与正常人相比，其出险的概率还是会远大于常人，所以一般医疗保险会将先天性疾病列为责任免除事由。

4. 遗传性疾病

遗传性疾病是指由于遗传物质的改变（包括基因突变及染色体畸形）引起的疾病，较常见的有地中海贫血、软骨发育不全、蚕豆病、红绿色盲、唐氏综合征等。

之所以将遗传性疾病列为责任免除事由，其缘由与上文提到的先天性疾病类似。遗传性疾病属于先天性疾病，但不一定出生时就有相关的症状体征，有些遗传性疾病隐匿性较强，需要经过一定的生长发育阶段，甚至到人进入中年或老年时期才会被发现。由于现代医疗技术发达，一般能够通过基因检测技术，提前检测出染色体及基因序列的异常。遗传性疾病还具有垂直传递的发病特征，常有家族性聚集的现象。综上，遗传性疾病不属于未来可能发生的不确定客观事件，不属于可保风险。

5. 妊娠、流产、分娩及其并发症

妊娠是指胚胎和胎儿在母体内生长发育的过程，在人为或自然因素下终止妊娠称为流产，而胎儿脱离母体成为独立个体的过程称为分娩。常见的妊娠期并发症有：妊娠糖尿病、妊娠高血压、子宫破裂、产后大出血、羊水栓塞等。

将妊娠、流产及分娩产生的医疗费用作为免责事由并不难理解。首先，怀孕是一种正常的生理现象，既不属于疾病，也不属于意外，并不在保险责任"疾病"的范畴内（暂不讨论以孕婴健康情况为保险标的的保险）；其次，孕期及分娩时的相关检查、诊断和治疗产生医疗费用是必然事件，而怀孕并非完全不可预测，它是否发生与被保险人的行为关联度很大，那么可预知的风险并不能够作为保险标的。因此，严格意义上讲此类事由并不属于保险责任，但是为了减少理赔时的争议，特别在责任免除条款内将其列明加以提示。

对于妊娠的并发症，先要条件是妊娠的发生，次要条件是并发症的发生。虽然妊娠不一定会伴随并发症，但是对于不在妊娠期的个体一定不会发生妊娠并发症。假设妊娠期并发症可以得到理赔，那么处于妊娠期的群体出险概率远远大于非妊娠期群体，当被保险人所负担的保费与其所获得的保险权利不一致时，即违背了保险费率厘定的公平性原则。

6. 美容、整形类就诊

美容在这里指为了修饰或改变原有外观形象而进行干预或治疗的行为，该干预或治疗是以美观为目的的，在人体健康层面并非必要。整形是指以恢复功能、改善形态或美化为目的，对人体组织或器官的残缺、畸形或患者主观意识上的不完美进行修复和重建。

这一类通过医疗手段改善外观形象的行为，是消费者的主动选择，虽是医疗行为但是不属于疾病，也不属于意外。假如美容整形项目与疾病或意外事故有因果关系，保险公司在这种情况下一刀切地不予赔付就显得过于机械化。笔者认为理赔人员遇到这类问题，应该具体情况具体分析。比如，被保险人因面部意外划伤，在整形外科进行了美容缝合，根据受伤位置选择对外观影响小的缝合方式是合情合理的，将这部分费用归为免除责任难免显得过于牵强。

7. 酒后驾驶、无合法有效驾驶证驾驶或驾驶无有效行驶证的机动车辆

题述三种情形均违反了《中华人民共和国道路交通安全法》，属于常见且对道路交通安全影响较严重的行为。违法人员需要承担相应的法律责任、接受对应的行政处罚。

众所周知，保险不能保障违法行为，也不应该保障违法行为。假如不将违法行为进行责任免除，那么保险会在某种程度上间接性地助长危害社会秩序的行为。假设酒后驾驶发生交通事故的损失能够获得保险赔付，那么无疑减轻了违法人员的经济责任负担，间接减轻了行政处罚的威慑力。

8. 高风险运动

常见的高风险运动有：滑雪、潜水、攀岩、蹦极等。不同保险产品对高风险运动的定义不同，具体范围需参考保险合同内对相关内容的阐述。

设置这类免责事由的原因不难理解，逻辑类似于前文关于妊娠免责的描述，即参与高风险运动的群体发生意外事故的概率远远大于普通群体，两者负担相同的保费明显违背了保险费率厘定

的公平性原则。但是如果将上述情况进行责任的免除，前者发生可以进行理赔的事故概率就与后者无明显差别了。

那么，高风险运动爱好者只能选择放弃爱好或者放弃安全保障吗？当然还有第三项选择，承保高风险运动的意外险在市面上还是不难寻找的，哪里有需求，哪里就有市场。

二、隐性的责任免除

此类责任免除事由并不会出现在责任免除条款项下，但其实际意义是对于保险责任进行了一定程度的框定，因此我们既可以将其理解为保险责任的解释说明，也可以将其理解为保险责任的免除事由。比较常见的有以下几点。

1. 定点医疗机构

保险合同中对于"医院"的名词释义常常限定于"二级及二级以上公立医疗机构"，像私营性质的医疗机构及乡镇卫生院这类一级医疗机构的就诊费就不在保险责任范围内。

2. 既往症

对于"既往症"的释义常常包含投保前已经发生的明显症状体征、根据常识可以预判到的疾病，即便没有就诊明确诊断，在该释义下的保险合同内也属于既往症。

3. 住院费用天数的限制

通常医疗费用类保险会对费用的时效有所限定，比如疾病医疗住院费用，会限制在180日内，住院超过180日以后的费用无法得到赔付。对于意外事故会从意外的发生日算起，保障180日内的相关医疗费用。

4. 符合社会医疗保障范围内的诊疗费用

很多平价的医疗费用保险会对费用类型进行框定，对于社保范围外的费用不予赔付或降低赔付比例。关于社会保险与商业保险的关联，本章第四节会就此进行较详细的解说。

三、案例分析

由交通事故造成的人身损害案件中，醉酒或酒后驾驶机动车是较常见的保险责任免除事由，也是对社会危害较大的违法行为。因交通事故通常涉及多方人员，所以事故的定性一般会比普通的事故复杂，我们就一例驾乘意外险案件的保险责任核定结果进行讨论。

张先生于2021年8月3日为自己购买了一份驾乘意外险，保险标的为指定摩托车的驾驶人及乘客，保险责任含驾乘人员因交通事故导致的意外伤害医疗责任。次月，张先生在晚上聚餐饮酒后，继续驾驶保险指定的摩托车，送自己的女朋友赵女士回家，结果在过十字路口时因为闯红灯驾驶，与路上一辆私家车发生碰撞，导致摩托车侧翻，张先生与赵女士均在事故中受伤。

报警后，因张先生酒后驾驶机动车辆、不遵守交通信号灯指令行驶，交警判定张先生负事故的全部责任。因对方私家车无责任,张先生向其索赔医疗费无果,故转向保险公司申请理赔。保险公司仅就赵女士的医疗费损失进行了受理赔付,张先生对此结果感到不满。

同一次保险事故,同一张保单上的保险标的,为何驾驶人与乘客得到的最终理赔结论是不同的?

此案例我们可以通过不同的角度加以分析。

第一,我们根据保险条款来看,张先生酒后驾驶机动车辆明确涉及责任免除事由条款"酒后驾驶、无合法有效驾驶证驾驶或驾驶无有效行驶证的机动车辆",故而保险责任不成立,保险公司不赔付。但是赵女士作为乘客,并不涉及上述免责情形,所以赵女士因此事故产生的医疗费用能够得到保险公司的正常审理赔付。

第二,我们可以站在法律的角度来评估此类事故的社会影响,如果让保险人为这类违法驾驶行为造成的交通事故承担最终赔偿,无异于鼓励驾驶人的违法行为,让违法者获益,也有违法律对公民行为的引导功能。这一点一定是与保险设立的初衷相违背的。

第三,保险不保障违法行为,根据《中华人民共和国道路交通安全法》第十九条第一款及第二十二条第二款规定,驾驶机动车,应当依法取得机动车驾驶证,饮酒不得驾驶机动车,即无证驾驶机动车及酒后驾驶机动车属于法律明文规定的禁止性情形。

综合以上三点及《保险法》司法解释相关内容,保险合同把法律禁止的无证驾驶机动车及酒后驾驶机动车作为保险公司免责条款。《最高人民法院关于适用〈中华人民共和国保险法〉若干问题的解释（二）》第十条规定：

> 保险人将法律、行政法规中的禁止性规定情形作为保险合同免责条款的免责事由，保险人对该条款作出提示后，投保人、被保险人或者受益人以保险人未履行明确说明义务为由主张该条款不生效的，人民法院不予支持。

因此，此案例中关于驾驶人的保险责任核定结果无误，且从多方面来评估都不能够支持对张先生的赔付。

第四节　医保目录：你需要知道的医疗险赔付范围

医保目录，包括国家基本医疗保险诊疗项目目录、基本医疗保险药品目录及基本医疗保险医疗服务设施目录，这三大目录是我国医疗保险政策执行和报销的最基本原则。国家基本医疗保险属于社会性保障，也就是我们常说的社保，而社保的职能意在"保基本、兜底线"，基本医疗保险制度现行基金责任封顶制，因此医疗救助的支持力度是局限性的，因病致贫、因病返贫的现象并不能够完全被消除。而商业医疗保险作为补充性保障，能够对基本保障项目进行有效的补充和衔接，帮助老百姓对自身疾病进行有效的风险管理。

然而市面上大多数商业医疗保险的保障范围有"国家医疗保险政策范围内的费用"等限制性描述说明，很多人对此会产生疑问：如果商业保险与社会保险的保障内容是一致的，那么我为什么要去另外购买一份商业保险呢?

那你是否有想过:单凭社会保险,能够负担社保范围内疾病的一切诊疗费用吗?显然不能,国家基本医疗保险除了有起付线的限制,还有赔付比例、自付比例、比例自付等不予报销的医疗费用,这部分就需要通过商业医疗保险进行补充性的赔付。

那么,我国基本医疗保险保障范围有哪些,而哪些情形不属于该保障范围,商业医疗保险与社会医疗保险之间是种什么样的关系,下文将针对上述问题逐一进行探讨。

一、国家基本医疗保险药品、诊疗项目目录

我国基本医疗保险有三大目录,分别是:基本医疗保险诊疗项目目录、基本医疗保险医疗服务设施目录以及基本医疗保险药品目录。前两者采用排除法,约定不予支付的诊疗服务类型,后者采用准入法,列明准予支付及部分支付的药品名称。

1. 常见基本医疗保险统筹基金不予支付费用的诊疗项目

1)各种美容、健美项目以及一些非功能性整容、矫形手术,如重睑术,斜视矫正术,矫正口吃,治疗唇裂,治疗雀斑、老人斑、色素沉积、腋臭、脱发,美容洁齿、镶牙、牙列正畸术、色斑牙治疗等。

2)各种健康体检。

3)各种不育(孕)症、性功能障碍的诊疗项目。

4)因违法、犯罪、故意自伤、自残、自杀、打架斗殴、酗酒、吸毒而导致的交通事故和医疗事故所发生的诊疗项目。

5）定制及安装眼镜、义齿、义眼、义肢、助听器等康复性器具。

6）购买各种自用的保健、按摩、检查和治疗器械。

7）出国或出境期间发生的一切诊疗项目。

8）气功疗法、音乐疗法、保健性的营养疗法、磁疗等辅助性治疗项目。

2.常见基本医疗保险基金支付部分费用的诊疗项目范围及自付比例

1）X射线计算机体层摄影装置（CT）、核磁共振成像装置（MRI）、单光子发射电子计算机扫描装置（SPECT）、单光子发射计算机断层显像（ECT）、心脏及血管造影X线机、彩色多普勒仪、左心室超声三维彩色图、动态脑电图仪、超声胃镜等在大型医疗设备上进行的检查、治疗项目。个人自付比例按当地社保部门规定，一般为15%~20%。

2）体外震波碎石、高压氧舱治疗、射频治疗等项目，个人自付10%。

3）立体定向放射治疗装置：X刀、γ刀、光子刀。个人自付40%。

4）心脏起搏器（最高支付限额2万元）、人工晶体、人工关节、人工喉、人工股骨头等体内置换的人工器官，价格权限部门规定可单独收费且单项价格在1500元以上（含1500元）的一次性医用材料（含植入性材料）。个人自付比例分别为国产品10%，中外合资产品15%，进口产品20%。

5）血液透析、腹膜透析项目。个人自付 10%。

6）心脏激光打孔、抗肿瘤细胞免疫疗法、快中子治疗项目。个人自付 15%。

7）肾脏、心脏瓣膜、角膜、皮肤、血管、骨、骨髓移植以及心脏搭桥术与心导管球囊扩张术。个人自付 15%。

3. 常见国家基本医疗统筹基金不予支付的服务设施目录

服务设施类费用医保一般有明确的不予支付范围，而可支付范围也会根据不同地方医保政策有不同的金额上限，常见不予支付的服务设施类费用有以下类目：

1）就（转）诊交通费、急救车费。

2）空调费、电视费、电话费、婴儿保温箱费、食品保温费、电炉费、电冰箱费及损坏公物赔偿费。

3）陪护费、护工费、洗理费、门诊煎药费。

4. 国家基本医疗保险、工伤保险和生育保险药品目录

纳入《国家基本医疗保险、工伤保险和生育保险药品目录》（以下简称《药品目录》）的药品，是临床必需、安全有效、价格合理、使用方便、市场能够保证供应的药品。《药品目录》分为"甲类目录"和"乙类目录"，使用"甲类目录"的药品所发生的费用，按基本医疗保险的规定支付，使用"乙类目录"的药品发生的费用，先由参保人员自付一定比例，再按基本医疗保险的规定支付。《药品目录》以外的药品，属于全额自费，医疗保险不予支付。

大多数医疗机构出具的费用清单会标注药品医保分类。即

使清单内未显示具体的医保类型，也可以借助互联网及医务科医保办热线进行相关咨询。这里还有一点需要注意，不同省、自治区、直辖市的医保政策可能会有细微的差别。

二、商业医疗保险的保障范围

1. 分医保范围内外

最基础的商业医疗保险保障范围是限于社保范围内的医疗费用，这就意味着可保可报范围与上述国家基本医疗保险是一致的，社保不予报销的情形，商业医疗保险也报不了。有需求的地方就有市场，随着医疗费用类保险市场竞争日益激烈，现市面上大多数商业医疗保险的保障范围扩展到了部分甚至全部社保范围外的医疗费用，常常在条款保险责任或产品特别约定板块加以约定说明。需要注意的是，有些产品仅扩展自费药物责任，也就是说社保范围外的费用，除了自费药品，其他检验检查、治疗及材料等费用均不在保障范围内。

2. 分疾病类型、诊疗类型

大部分商业医疗保险产品可保障的疾病、诊疗类型是与社会医疗保险一致的，像不孕不育、健康体检、非功能性整容矫正手术等是不予赔付的。但是随着保险产品的多样化发展，针对性的保险产品日益增多，比如有些专门保障牙科治疗费用的保险，社保范围外的洗牙、种植牙费用也能够得到一定比例的报销，当然这类逆选择风险较高的产品投保条件和保费缴纳相对较高。常见的还有重大疾病医疗费用保险、癌症医疗保险、特定疾病医疗保险，这类疾病出现的概率较小但是治疗费用高昂，一些先进的药物、治疗设备、治疗手段不在社保范围内，为保证疗效，很多人不惜背负巨大的经济压力选择先进的治疗方式。该类产品设计的本意即为客户承担这部分医疗费用，因此可赔付范围通常不受社保范围内外的限制，只要费用合理且必需，一般都能够正常得到赔付。

三、国家基本医疗保险与商业医疗费用类保险竞合下的责任分配

随着"全民医保"的实现和商业保险的普及，大多数消费者在具备国家基本医疗保险保障的同时投保了商业医疗费用类保险。那么，一次就诊同时符合两种保险保障范围的情形该如何划分保险人的责任呢？

首先医疗费用的报销需要遵从补偿性原则，所以损失的医疗费用无法获得重复性的报销，但是如果一方未能报销全部损失，那么可以就剩下未得到补偿的部分向另一方申请赔偿。商业医疗费用保险条款内也会有关于竞合情形的描述：若被保险人已经从其他途径取得补偿，保险人对费用剩余部分按附加合同的约定给付保险金。

四、案例分析

赵女士于 2020 年 1 月为自己投保了一份女性特定疾病防癌医疗保险，保额 100 万元，保险期间为 6 年。随后，在 2020 年 6 月，赵女士因发现左侧乳房硬块就诊被确诊为乳腺原发性恶性

肿瘤，进而进行了左侧乳房全切手术。

手术治疗结束后，经社保统筹基金结算，赵女士个人自付金额为 18 000 元。这个手术给赵女士带来的，不仅是金钱上的损失，还有心理上的压力，尤其是左侧乳房切除后外形异常带给她的困扰。于是在医生的建议下，2021 年 1 月赵女士进行了乳房重建手术，出院未经社保结算自费 8 万元。赵女士向保险公司申请理赔因乳腺癌导致的医疗费用损失共计 98 000 元，但最终，保险公司仅向她赔付了 18 000 元。

在上述案例中，赵女士的费用损失将近 10 万元，但是仅得到 18 000 元的理赔款，保险公司是否惜赔？

对于赵女士第一次因乳腺恶性肿瘤就诊并行手术切除根治疗法的费用，经医疗保险基金结算后剩余的 18 000 元，包含社保范围内的费用有起付线金额、个人自付比例金额，社保范围外的费用有乙类诊疗及药物自付金额、丙类诊疗及药物金额、其他自费金额。因该防癌医疗保险扩展赔付社保范围外合理且必要的医疗费用，故赵女士第一次就诊个人支付金额 18 000 元得到了保险公司的全额赔付。

对于赵女士第二次就诊，是针对术后外形改变而进行的乳房重建手术，就诊目的是改善外观，医疗类型属于美容整形类，属于医疗保险基金不予支付的"各种美容、健美项目以及一些非功能性整容、矫形手术"类型。防癌医疗保险保障的是针对癌症的合理医疗费用，乳房重建对于癌症的防治并没有实质性作用，故而不属于该防癌保险的保障范围。

第五节　医疗险理赔实录一：异地就医无法报销？2 岁宝宝患肺炎，获理赔 3700 元

很多人把保险拒之门外的理由是一样的："我有医保了，为什么还需要买一份额外的医疗险？"之所以会有这个疑问，其实是因为对医保和医疗险缺乏真正的了解。在实际操作中，想要依靠医保实现"看病自由"是有难度的，而医疗险的介入，正是为了弥补医保本身的不足之处。

首先，医保可保障的药品是有限的，有很大一批自费药物都无法保障，比如很多治疗肿瘤用的靶向药无法报销，也就意味着患者需要自费来购买这些昂贵的药品；而商业医疗险，作为医保的补充，除了自费药品外，有的医疗险还有住院津贴、赴日医疗等责任，可以多元化地满足患者需求。

其次，医疗费用的报销顺序是先医保，再医疗险，这样可以提高整体的赔付比例。比如市面上某医疗险产品，按先医保再医疗险的顺序报销，医保范围内费用赔付 90%；直接医疗险报销，医保范围内费用赔付 70%。

最后，医保报销，不免涉及异地就医报销问题，这让很多人感到头疼。医保具有"地域特色"，比如说广州和深圳，两个城市同属广东省，相距不过百来公里，但它们的医保政策都有所不同。

那么，异地就医该如何进行医保和医疗险报销呢？

一、案例重现

2020 年 7 月，郭女士将 2 岁的女儿从老家 A 市接到苏州生

活,因为担心女儿突然改变生活环境会水土不服,郭女士给女儿投保了一份少儿住院医疗险,选择了有社保的500元免赔额基础产品,一年保费277元,保障责任为:意外身故伤残保额1万元,意外和疾病医疗保额1万元(500元免赔额,最高90%赔付),保障期1年。

投保大半年后,正当郭女士庆幸女儿顺利度过了适应期时,不料在2021年1月15日,郭女士的女儿忽然发热、伴随咳嗽,随后病症加重进入苏州某医院进行治疗。从1月15日到20日,郭女士的女儿住院治疗后,病情终于得到好转,除了偶有咳嗽,其他症状都得到了改善。女儿出院后,郭女士通过医院核算,本次住院共花费了5525.88元。

由于郭女士的女儿在老家A市参保,在苏州就医,且郭女士并未办理异地就医备案。该少儿住院医疗险规定,投保有社保版本的,需要先进行医保报销,再进行医疗险报销。

因此郭女士需要拿票据回老家A市(医保参保地)报销,经医保报销后,再进行少儿住院医疗险报销。2021年4月13日,郭女士递交相关资料申请理赔。4月15日,郭女士收到2752.48元理赔款。

"5000多元的住院费怎么只报销了2000多元?"郭女士对报销金额感到十分奇怪,致电保险公司,要求重新审核此案,核查理赔款。

经理赔人员认真排查发现,问题出在A市医保局对郭女士的女儿的医保报销"一刀切",按苏州与A市两地报销差异计算自费金额,少给郭女士报销了近千元。保险公司立刻与郭女士联系，发送邮件，安排补赔。

4月19日，郭女士收到保险公司补赔款988.43元。至此，本次理赔结束。

异地就医一定要记得备案！备案成功后，最好选择异地定点医院就医。如果郭女士进行了异地就医备案，那么她就可以在苏州治疗的时候，直接刷医保卡就医，不用跑回参保地A市报销，报销所得的钱大概率会多一些。

二、案例答疑

1. 为什么要进行异地就医备案

如今我国较好的医疗资源还是集中在一二线城市，再加上老人远离家乡异地带娃、娃跟着父母到异地工作读书屡见不鲜，异地就医时有发生。

异地就医备案有2点好处：

1）备案后，在异地就医时，大多数地区都可以直接刷医保卡，如无备案，则需要先自行垫付，拿票据回医保参保地报销。

2）大概率可报销多点钱。一些地区规定，已备案报销比例较高或起付线较低。以深圳为例，市外住院若按规定办理转诊或备案，起付线为400元，反之，起付线为1000元。也就是说，按规定备案或转诊的话，超出400元的部分，符合要求的就可以报销，若未按规定备案或转诊，则需要超出1000元才可以报销。

2. 如何进行异地就医备案[一]

异地就医备案越来越方便，很多地区已实现线上异地就医备案，只需几分钟就能在线上完成。接下来就和大家讲讲，如何完成线上异地就医备案，只需 4 步。

如图 3-1 所示，直接在微信搜索"异地就医备案"小程序，点击快速备案，填写个人信息，完成认证后就可以提交备案申请了，在这个小程序上，你可以查看自己的备案进度。

图 3-1　利用"异地就医备案"小程序快速备案

3. 异地就医需要注意的事项：最好在定点医院就医

一旦备案成功后，在异地生病住院，只要是在定点医院，就

一　各地备案政策都各不相同，以下内容仅供参考，以实际情况为准。

可以实现异地就医实时结算了。那么怎样才能知道你就医的医院是不是定点医院呢？

"异地就医备案"小程序同样可以帮到你，你需要在就医前，打开"异地就医备案"小程序，点击医药机构查询（见图3-2），在这里可以查询全国范围内所有定点医药机构。

图3-2　利用"异地就医备案"小程序查询定点医药机构

现在全国的大部分三甲医院都纳入了异地就医系统，覆盖还是很广泛的，当确定好定点医院之后，直接持社保卡就医，办理住院登记和结算即可。

那如果你恰好不在定点医院就医，可以报销吗？

可以的，但手续会麻烦一些。你需要自己先垫付医药费，等到出院之后，拿着住院期间所有的费用证明和原始发票，还有你的病历卡、身份证和社保卡等相关材料，回到参保地的异地医保窗口申请报销，不过这样报销比例可能也会比较低，所以还是建议大家先做好异地备案。

三、理赔流程要点

1. 医疗险出险，什么时候报案最合适

出险后报案肯定是越快越好，一般保险事故发生后三日内需

通知保险人。小额医疗险一般可以不用报案，直接申请理赔；涉及金额较高的医疗险，需要先报案，再申请理赔。

那么，住院医疗险申请理赔时，应收集哪些材料？具体如图 3-3 所示。

> ①保险金给付申请书；
> ②保单号；
> ③被保险人身份证明，保险金申请人身份证明；
> ④就诊医院出具的完整病例材料（门诊病例、住院病历或出院小结等），医疗证明和医疗费用原始凭证；
> ⑤保险金申请人所能提供的与确诊保险事故的性质、原因、伤害程度等有关的其他证明和材料；
> ⑥委托他人申请保险金的，应提供委托书、委托人和受托人身份证明等相关文件。

图 3-3　住院医疗险理赔申请资料

2. 费用补偿型医疗险如何赔付

费用补偿型医疗保险，是指根据被保险人实际发生的医疗、康复费用支出，按照约定的标准确定保险金额的医疗保险。

不同费用补偿型医疗险的报销规则不一样，投保前需仔细查看保险合同，咨询相关人士。

有些医疗险报销，需要剔除已从社保方面获得的报销金额，仅对自费部分进行报销；有些医疗险报销，对实际产生且在保障责任内的医药费，在扣除约定免赔额后，按比例进行报销。

《健康保险管理办法》第二十四条：

> 保险公司设计费用补偿型医疗保险产品，必须区分被保险人是否拥有公费医疗、基本医疗保险、其他费用补偿型医疗保险等不同情况，在保险条款、费率或者赔付金额等方面予以区别对待。

虽然产品之间各有不同，但有 2 点是可以肯定的。

1）《健康保险管理办法》规定，费用补偿型医疗保险的给付金额不得超过被保险人实际发生的医疗、康复费用金额。

也就是说，不管在多少家保险公司，投保了多少份医疗险，报销金额不会超过保险金，也不会超过被保险人实际发生的医疗费用。

比如投保了 3 份医疗险，实际医药花费 1000 元，3 份医疗险无论如何赔付，总额度也不会超过 1000 元。

2）索赔时必须提供原始医药费用票据。如果经医保报销无法提供时，一般需要提供加盖支付费用单位印章的医药费用凭证复印件，以及医保报销的结算单原件。

3. 定额给付型医疗险如何赔付

定额给付型医疗保险，是指按照约定的数额给付保险金的医疗保险。

最常见的定额给付医疗险就是包含津贴，指的是保险人按天、按次或按具体医药项目支付保险金，赔付标准是保险合同中约定的，理赔金额与实际发生的医药费用无关，不用提供发票。

例如，符合保单保障范围的疾病住院，可给付 150 元 / 天的住院津贴。如果在多家保险公司投保，不管投保了多少份，都可以从各家保险公司获取保险金。比如被保险人投保了 3 份医疗险，无免赔天数，均含住院津贴 150 元 / 天，若被保险人实际住院 5 天，那么总共可获赔 2250（=150×5×3）元。

4. 赔付时间

对于小额住院医疗险，在理赔申请成功提交的 30 日内，保险人一般会给出给付保险金或拒赔的结论。对于复杂情况，无法确定是否赔付的，保险人会延迟赔付。一旦明确案件情况，需立即赔付保险金。

四、案例启示

1. 少儿社保很重要

新生儿出生后要及时办理医保卡，一般来说，出生 1 ~ 3 个月内可办理（具体时间以当地政策为准），可报销新生儿出生以来的各项医药费用，常见的新生儿黄疸、肺炎都涵盖在内。

此外，有些地区少儿社保卡还可绑定父母社保，医药费直接从父母卡里扣除，十分方便。办理方式也很简单，需要准备孩子出生证明、户口本、照片、父母身份证、结婚证、小孩身份证（具体以当地医保部门要求为准），线上办理（当地社保官方公众号或官网）或前往当地医保机构窗口、定点医院窗口办理。缴费一年一缴，要注意缴费时间，不要漏缴。

2. 儿童生病时有发生，住院花费成千上万，医疗险必备

孩子住院十分常见，单靠社保，是无法满足医疗保障需求的。建议给孩子配备小额住院医疗险＋百万医疗险：小额住院医疗险免赔额少，出险率高，可以补充百万医疗险1万元内的消费；百万医疗险保额高，保费低，免赔额为1万元左右，用于抵御大病的风险。

1）儿童配置小额住院医疗险需要注意的6个要点如图3-4所示。

1. 可报销比例越高越好
2. 免赔额越低越好
3. 健康告知宽松：儿童一般为健康体，健康告知大都不用担心
4. 续保时可免健康告知，不计理赔历史更好
5. 有无社保均可投保
6. 等待期越短越好

图3-4 儿童配置小额住院医疗险需要注意的6个要点

2）儿童配置百万医疗险需要注意的3个要点如图3-5所示。

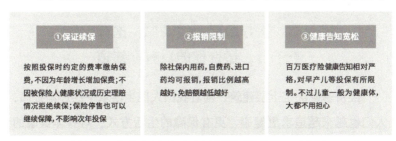

①保证续保	②报销限制	③健康告知宽松
按照投保时约定的费率缴纳保费，不因为年龄增长增加保费；不因被保险人健康状况或历史理赔情况拒绝续保；保险停售也可以继续保障，不影响次年投保	除社保内用药，自费药、进口药均可报销，报销比例越高越好，免赔额越低越好	百万医疗险健康告知相对严格，对早产儿等投保有所限制。不过儿童一般为健康体，大都不用担心

图3-5 儿童配置百万医疗险需要注意的3个要点

3. 小额住院医疗险和百万医疗险，分别适合哪些人投保

1）小额住院医疗险：频繁生病的孩子，特别是随父母在外地生活的孩子，即便有少儿医保，异地就医报销比例一般也会比在参保地就医低，更别提很多时候父母忘记申请异地就医备案了。此时小额住院医疗险可作为少儿医保的补充，解决一部分医药费用。

小额住院医疗险保额一般为1万~5万元，免赔额0~500元，可解决因肺炎、黄疸等小病住院的需要。

2）百万医疗险：百万医疗险主要抵抗的是大病的风险。根据《2017卫生健康事业发展统计公报》，世界卫生组织统计，普通人一年内生病住院的概率为16.5%，一生中罹患大病的概率为72.18%，人均重大疾病医疗支出在10万元以上。

有些百万医疗险涵盖ICU、人工肺、质子重离子医疗、进口药、自费药等，这些小额住院医疗险大都没有覆盖。各家百万医疗险保障范围、保额不同，投保前家长需要弄清，哪个费用能报，哪个不能报，是按照什么比例报，以免产生不必要的纠纷。百万医疗险保额一般为200万~600万元，免赔额1万~2万元，可解决恶性肿瘤等大病需要。

第六节　医疗险理赔实录二：医疗保险千千万，适合你的只有你知道

经济基础决定上层建筑，随着我国人民生活水平的逐渐提高，人们也越来越追求更健康、更有保障的生活方式，对身体健康的重视程度与日俱增。在这样的背景之下，医疗险的出现，给人们

提供了一种新的生活方式选择。相比于社会医保，商业医疗保险有着更为明显的优势，如多种形式的给付方式（费用报销型、定额给付型等），这些给付方式各有千秋，可以适应各种实际情况。

一、案例重现

吴女士曾于某互联网保险平台为自己购买医疗保险。在购买保险后的 2021 年 6 月 18 日，吴女士在驾驶电动车正常行驶时，与对面车道的一辆机动车发生了碰撞，吴女士全身多处有不同程度受伤，后通过住院治疗，共花费了医疗费 17 689.36 元。根据所属地交通部门开具的《道路交通事故责任认定书》，本次事故的发生主要是因为机动车驾驶员王先生经过路口时未减速，因此，王先生负全部责任，吴女士无责任。

由于王先生事前已经在某财产保险公司投保了第三方责任险，本次事故的赔偿款由该保险公司审核保险责任后履行了赔偿义务。拿到了王先生的这笔赔偿金后，吴女士又将自己的住院病历及发票等资料提交至她投保保险的互联网保险平台上申请医疗理赔，不料却被保险公司以医疗费用已由第三方机构全额赔付为由拒赔，认为按照保险条款约定，保险公司不再就本次医疗费用给予赔偿。

吴女士不认可这一结果并向平台发起求助，以维护自身的权益。经互联网保险平台工作人员核实，该保单除了"费用报销型"保险责任对于医疗费用给予赔偿外，还含有"定额给付型"保险责任可以申请，即住院津贴。该平台向保险公司提出并经重新审核后，保险公司按照保险条款约定补充赔付吴女士住院 6 天相对应的住院津贴，即按 80 元 / 天的标准赔付 480 元。

二、案例答疑

1. 什么是"交通事故责任认定书"

"交通事故责任认定书"为公安机关的交通管理部门出具的依照交通法规对交通事故的当事人有无违章行为以及对违章行为与交通事故损害后果之间的因果关系，进行判定，分清事故责任，依照交通法规和其他规定对肇事者做出正确恰当的处分时开具的文书材料。在后续的理赔申请中，"交通事故责任认定书"为保险公司提供相关责任参考，是重要的责任判定依据。

2. 为何医疗费第三方责任险赔付完成后，吴女士的商业保险就不再赔付了呢

中国银保监会在《健康保险管理办法》中明确规定，"费用补偿型医疗保险的给付金额不得超过被保险人实际发生的医疗、康复费用金额"，即遵循补偿原则，不论被保险人投保了几份医疗保险，医疗费用只能报销一次，这样可以防止道德风险的发生，防止被保险人因保险而获取不当利益。案例中吴女士在医院治疗所花费的医疗费用已由王先生的第三方责任险全额赔付，就医疗费用来说无剩余金额可申请，故吴女士的商业保险不承担相关医疗费用的责任。

3. 对保险公司下发了拒赔通知书中的拒赔原因不认可，该怎么办

一般情况下，若保险公司拒赔，会针对本次保险事故出具相

关拒赔函、拒赔通知书或不予受理通知书，保险金权益人有权对相关通知书提出异议并向相关部门提起诉讼，争取合法权益，有效期通常为自收到通知书之日起两年内，具体解决方法见保险合同中的相关条款。

三、理赔流程要点

医疗险按给付方式不同可以分为哪几类？又有什么不同？

医疗保险按照保险金的给付性质分为费用补偿型医疗保险和定额给付型医疗保险。费用补偿型医疗保险是指根据被保险人实际发生的医疗费用支出，按照约定的标准确定保险金额的医疗保险。定额给付型医疗保险是指按照约定的数额给付保险金的医疗保险。

费用补偿型医疗保险的给付金额不得超过被保险人实际发生的医疗、康复费用金额，即上述提到的遵循补偿原则。而定额给付型医疗保险一般在条款中会以"补贴"或"津贴"型字样标明，它的特点是与实际花销没有必然联系，只与其相对应的保额有关，通常表现为住院津贴、家长陪护津贴、伙食津贴等形式。

四、案例启示

选择定额给付型医疗保险有什么优势？

对于费用补偿型医疗保险和定额给付型医疗保险二者的赔付依据及赔付金额见表 3-1。

表 3-1 费用补偿型医疗保险和定额给付型医疗保险

	费用补偿型医疗保险	定额给付型医疗保险
定义	根据被保险人实际发生的医疗费用支出，按照约定的标准确定保险金额的医疗保险	按照事前约定的金额进行赔付
赔付依据	各类发票	一般不需要提供发票原件
赔付金额	赔付金额一般要低于被保险人实际发生的医疗费用金额	赔付金额与实际花费多少没有太大关系，而是与购买的额度有关。因此保险公司的理赔金额可能高于或低于出险人的实际支出

综合来说，对于医疗费用的报销额度，社保既有起付门槛，又有支付上限，针对社保"两头空"的尴尬，大家可以通过购买定额给付型医疗保险来支付社保限额之上的高额医疗费用，可以根据自身的经济水平，选择适宜的定额保险金额。

第七节　医疗险理赔实录三：发票金额跟实际金额对不上？揭秘赔付小要点

随着全国各行各业的迅猛发展，人民生活水平的飞速提升，保险行业也进入了"百花齐放"的全新阶段——为了满足人们对于个人财产、生命健康以及意外保障的多种需求，财产险、分红险、年金险、重疾险、寿险、意外险、医疗险等险种也应运而生。

在这些险种中，与我们日常生活最为紧密相连的，就是医疗险。一年到头，少不了发烧感冒、磕碰受伤，这些日常的就医支出就在医疗保险的保障范围之中。有过保险经验的客户都知道，每次向保险公司申请理赔之后拿到的赔付款，总是与事前提交的发票金额并不完全一致，这是为什么呢？

一、案例重现

红红（化名）于 2021 年 1 月 9 日为自己购买了一份成人住院医疗保险。同年 5 月，红红因反复咳嗽、发热，前往贵州省贵阳市的中医药大学附属医院进行住院治疗。经医生诊断，红红被确诊为急性支气管炎、肠功能紊乱，通过 6 天的住院治疗，红红的病情终于得到了控制，并于当天顺利结算出院，住院治疗共花费了 5126 元。

出院后，红红通过保险经纪平台，向自己购买医疗险的保险公司申请了医疗费用理赔，通过上传病历资料，红红只用了十几分钟就完成了闪赔流程，获得了 2359.63 元的赔付款。

二、案例答疑

1. 住院前的门诊检查费用可以报销吗

因红红购买的保险为成人住院医疗险，主要的保险责任为住院所产生的医疗费用，不含疾病发生后门诊治疗所产生的费用，故而无法计入理算，需剔除。但有些保险是含有门诊责任的，所以主要是看保单明确的保险责任范围。

2. 在医院外药房（药店）购买的药品是否在报销范围内

通常情况下，医院都配备有药品较为齐全的中药房和西药房，但不排除有些时候因药品短缺，又或者治疗所需用药中有比较不常用且刚好医院药房并不备有的特殊情况出现。这种时候医生一般开具相应的处方签和外购药证明，患者持凭证在院外的药店或药房机构采购。在申请理赔时，需将相应的处方签、外购药证明及药品发票附在理赔资料中提交给保险公司，核实为治疗所需的合理药品且在医保范围内的，通常情况下是可以报销的。

3. 为何获赔金额与发票金额不一致

首先我们知道，根据医保政策可将医疗费用依次分为以下几部分：

1）自费：指医保目录外，全部由个人承担的费用（即丙类项目），属于医保支付范围外金额。就诊的时候医生一般会提前说明，哪些费用是属于全自费的项目，需要特别注意。

2）自付一：医保支付范围内，按一定比例计算个人应负担的金额，其中包括起付金额和超年度大额封顶金额。

3）自付二：报销等级为有自付的费用项目（即乙类项目），个人先行负担的部分费用，不纳入医保支付范围。等于乙类费用 × 乙类自付比例。

4）医保范围内金额：指本次就医所发生的医疗费用中能够纳入医保支付范围的费用总额（即乙类非自付和甲类）。

5）起付额：指本次就医所发生的医疗费用中起付线以下的医保支付范围金额。

6）封顶额：指本次就医所发生的医疗费用中年度封顶线以上的医保支付范围内金额。

计算比例关系公式：

总费用＝医疗保险基金支付金额＋个人自付、自费金额

个人自付、自费金额＝自付一＋自付二＋自费＝个人现金支付金额＋个人账户支付金额

医疗保险基金支付金额＝大额医疗互助基金支付＋退休人员补充保险支付＋残疾军人补助支付＋公务员医疗补助支付

医疗保险范围内金额＝医疗保险基金支付金额＋自付一＝总费用－自付二－自费

以红红购买的这份保险为例，保单条款约定保险公司承担"扣除基本医疗保险、公费医疗等其他已补偿费用后，符合当地基本医疗保险支付范围内住院医疗费用"，即发票金额中的两部分需要剔除，一是根据医保政策，"自付二"中的个人负担不纳入医保支付范围的费用，以及"自费"费用；二是医保统筹基金支付部分，即经社保（医保）已补偿费用，即上述提到的"自付一"金额。

综上，属于保险责任范围内的金额理算公式为：

保险责任内进入理算金额＝发票总金额－自费－自付二－医保统筹支付（医保已报销金额）

三、理赔流程要点

1. 审核理赔申请的工作人员一般都关注哪些地方

1）医疗机构：常见医疗险责任只保障二级及以上（公立）医疗机构就诊产生的医疗费用，被保险人在非特殊的紧急情况下需

尽量不选择私立（民营）或一级医疗机构就诊。

2）医保目录：通常无论门诊或住院都有费用清单，可根据费用清单中的具体项目包括但不限于药品、材料、化验等费用核对医保目录，了解医疗费用的情况，有疑问的可及时咨询主治医生。

3）就诊方式：通常情况就诊方式分为门（急）诊和住院。保单不同，所对应承保的就诊方式亦有差异，有的只承担住院，有的门诊和住院都承担，购买时可根据自己的需求购买。

2. 医保起付线与保单免赔额什么区别

医保起付线与保单免赔额简单来说就是主体不同，本质上没有区别。医保起付线是基本医疗保险的起付线，而保单免赔额则是商业保险的"起付线"。当符合医疗保险范围内的医疗费用超过起付线时，基本医疗保险会按相应的比例报销其中的部分。同理符合商业保险责任范围内的费用超过免赔额时，同样会按照条款中相对应的比例进行理算。

3. 医保个人账户支付和个人自费有什么不一样

我国城镇职工基本医疗保险实行统筹管理，分为统筹账户和个人账户两种账户。职工个人缴纳的基本医疗保险费用全部纳入个人账户，用人单位支付的基本医疗保险费用则分为两部分，一部分划入个人账户，而另一部分则用于设立统筹基金。

医保个人账户一般用于支付基本医疗保险统筹基金支付标准以下（即起付线以下）的医疗费用，以及超过基本医疗保险统筹基金支付标准的按照个人应付费用的比例支付。通常在理赔过程中可正常理算。

而个人自费则一般是指医疗费用中"自费"的部分，不在医保范围内亦无法用个人账户支付的费用。一般属于理赔过程中需要剔除的部分。

四、案例启示

前面所讲的医疗发票通常指的是医疗卫生机构为门诊、急诊、急救、住院、体检等患者提供医疗服务并取得医疗收入时开具的收款凭证，也称为"医疗收费票据"。正规的医疗发票需具备"两章"，即财政公章和医院收费章，并且通常情况下医院开具的医疗发票是唯一的，一经开出，一般都无法补开，且大多数保险公司对于发票遗失的情况的处理方式都比较复杂，审核不予受理，因此诸如发票原件、医保结算单原件等资料应妥善保管。

如若购买了多家保险公司的保单均需要申请理赔但资料原件又被第一家保险公司收取了，无须慌张，保险公司会将病历等资料复印归档后归还原件，而发票、医保结算单等则会退回盖有保险公司业务受理章的复印件和保险公司的理赔分割单，将上述资料一并提交到下一家保险公司申请理赔即可，下一家保险公司会根据之前其他机构的赔付情况进行合理理算。

学会看懂医疗发票，了解理赔的各事项及理算规则，可以让我们更好地理解商业保险理赔。购买商业保险前充分了解清楚保单的保障范围，结合自己的实际需求，才能"放心买，放心赔"。

第八节　医疗险理赔实录四：病痛来临时，"要钱"还是"要命"

每一个人都不敢夸口说自己绝不会遭遇意外，也许电视新闻里的飞来横祸、疾病缠身看起来更像是都市奇情故事，但现实中，我们甚至不知道明天和意外哪个会先来。当不幸的故事选中了一个人时，他能做的是什么呢？人们常说，机会是留给有准备的人的，其实生的希望，也是这样。

一、案例重现

张先生出生于农村，通过自己的打拼，正值壮年的他幸运地在城市里谋得了一席生存空间，也拥有了心爱的妻子和孩子，组成了一个幸福的小家庭。张先生在2020年8月突发腹绞痛，送医就诊后，医生初步判定为肝硬化，不排除是肝癌的可能。张先生和家人都不太能接受这样的结果，换了多家医院，进行了多次检查，结果并未改变。张先生确诊为肝癌后，医生建议他马上接受治疗。

张先生原先是家里的经济主力，但是现在因需要治疗而无法通过工作获得收入，且需要支付巨大的医疗费用。张先生在之前只有新农村合作医疗和一份12万元保额的重疾险，这些对于肝癌这种严重的疾病来说，无异于杯水车薪，仅仅是初期的检查费用就已经让张先生的家庭举步维艰了。面对着这样的情况，张先生也有过放弃治疗的想法，宁愿给自己的妻子和孩子留下一些钱，以免全家走入人财两空的境地。

幸运的是，张先生的妻子两年前在一次同学聚会上，经朋友推荐为自己和丈夫购买了百万医疗险。有了这张"保护符",不仅张先生的医疗费用可以报销,解决了一部分的压力,而且保险中的"特定药"相关条款更是让张先生得到了更好的治疗。在"两难"面前,保险给予了张先生"双赢"的办法。

二、案例答疑

1. 体检发现问题后是否应该及时投保

通常情况下,医疗保险都会设置等待期,是为了防止出现"带病投保",又或者像问题中提到的"体检发现问题后"这种出现保险事故才买保险的情况。比如重疾险的等待期一般为180天,医疗险的等待期大多为30~90天,不同的产品也会有不同的等待期,而意外险一般是没有等待期的。过了等待期后才发生的保险事故就可以正常提供保障。这也是保险的意义所在,尽早投保,才能给我们提供保障,防范风险于未然。

2. 是否有必要定时进行癌症早期筛查?又该如何做比较合理

世界卫生组织国际癌症研究机构(IARC)发布的2020年全球最新癌症负担数据显示:

2020年全球新发癌症病例共1929万例,其中男性占1006万例,女性占923万例;2020年全球癌症死亡病例996万例,其中男性占553万例,女性占443万例。而其中,中国新发癌症457万人,占全球23.7%,中国由于人口基数大,癌症新发人数远超世界其他国家。

很多癌症都是很难在早期查出的，一般等到中期、晚期的时候才发现，往往错过了最佳治疗时机。世界卫生组织明确指出：早期发现是提高癌症治愈率的关键。因此，定期的早癌筛查是十分有必要的。早癌筛查是通过一定的检查手段，来发现癌症早期的蛛丝马迹，以及时采取干预措施，提高治疗效果，通过早发现早治疗让患者获得治愈癌症的机会。早癌筛查是世界卫生组织（WHO）公认的最新癌前检测，能够比 B 超、CT 提前 1～3 年发现人体内早期恶性肿瘤细胞。早癌筛查只需抽 2 毫升血，就可检测出体内存在的早期恶性肿瘤细胞相关物质。

3. 为何百万医疗险保费比重疾险低，而保额却高

1）赔付方式：百万医疗险本质上依然是医疗险，是报销型的，在额度内实报实销；重疾险则是给付型的，符合条件的，保额多少就赔付多少。

2）资金使用：百万医疗险的资金是专款专用的，只能用于已经花费的住院治疗费用；而重疾险的资金不但覆盖住院费用，还覆盖停工时的收入损失，这笔钱是可以自由使用的。

3）续保情况：百万医疗险一般是一年一续，不保证终身可续保，又或者产品停售后就不能购买了；而重疾险大多是长期险，保障期间可以到 60 岁、70 岁甚至保终身。所以相对保险公司而言重疾险的风险相对较大，保费自然也是比较高的。

4）费率：百万医疗险为一年一交的医疗险，采用的是浮动费率，保费会随年龄的增加而增长；而重疾险一般为长期险，采用的是均衡费率，在确定合同后，每年的保费基本都是相同的。

5）现金价值：长期的重疾险一般是有现金价值的；而一年一交的百万医疗险属于消费性产品，现金价值很低，基本可以忽略不计，因此它的产品特点就是用小额的支出来撬动高保额杠杆。

案例中的主人公张先生，可将百万医疗险用于医疗费用报销，而重疾险的赔付金额则可用于填补因住院治疗导致停工的收入损失，可以说两者是存在互补关系的。条件允许且预算充足的情况下，是建议两者都配置的。

三、理赔流程要点

1. 为什么会有免赔额

1）定义：免赔额是指保险公司设定的额度，若超过该额度就可以得到相应的赔偿，如果没有超过，则需被保险人自行承担。免赔额又分为两种，即绝对免赔额和相对免赔额。前者是指保险公司仅对超出免赔额的部分进行赔付，后者则是指超过设定的免赔额后，保险公司承担全部费用。医疗险大多是采用绝对免赔额，而相对免赔额则大多为财产险采用。

2）原因：市面上，大多数的百万医疗险都会有 1 万元的免赔额。因为百万医疗险主要是为了转移重大疾病或相对较为严重的疾病所产生的高额治疗费用的风险。俗话说"好钢用在刀刃上，花钱花在裉节儿上"，保险公司通过设置免赔额，可过滤掉很多小额的赔付，如此便可降低成本，价格也就自然而然便宜了很多，也能让更多的人买到一份保障。

2. 癌症治疗使用的进口靶向药也可以报吗

"4万块1瓶,我病了3年,吃了3年,为了买药,房子没了,家人也拖垮了,谁家还没个病人,你能保证一辈子不生病吗?我不想死,我想活着。"2018年上映的电影《我不是药神》中的这段话让无数观众记忆犹新,我们知道,如今越来越多的"靶向药"已列入医保范畴,许多百万医疗险更是增加了针对癌症治疗的特定药品相关条款,案例中的主人公张先生所购买的百万医疗险就附加了"特定药"的相关条款,个人在购买此类保险时可以更多地关注,也可以按照自己的需求购买到保障更全面且最适合自己的保单。

四、案例启示

现代人常常戏谈:小孩子才做选择,成年人当然是全都要。案例中的故事可能在我们身边发生得并不普遍,但也确实是不少家庭的缩影。百万医疗险正是一种"全都要"的双赢选择。不论是在张先生的案例中,还是在电影《我不是药神》中,无数的人其实都正站在"要钱"和"要命"的生死分水岭上,还有更多的人因为贫穷,走上人财两空的绝境。

俗话都说,病来如山倒,病去如抽丝。只有真正面对过疾病的人,才知道这座大山有多么令人窒息,如果可以的话,每个人都需要在健康时,为未来的自己留下一线生机。

第四章 重疾险

忽视这几点，理赔损失几十万元

第一节 得了癌症却不赔，不要用名字来判断重疾

保险行业一般认为，对患者造成不可承受影响的疾病是重大疾病。重疾险，即在被保险人得了保险中保障的疾病后，一次性给付给被保险人一定金额，以供被保险人拿钱治病，或作为得病后家庭收入降低的补偿。那么，是不是只要被保险人得了认知上的重病，都能获得这笔理赔款呢？

一、重疾险中的重疾究竟是什么

重疾险保障的重疾类别和我们生活中得了重病不完全是一回

事儿。一般在重疾险中，保险公司会对保障的重疾类型进行明确说明。在保险产品设计时，是否将一种疾病纳入重疾险理赔病种的评判标准主要考虑两个因素：

1）这种疾病是否严重威胁患者的生命，比如大部分恶性肿瘤和严重的心脑血管疾病。

2）这种疾病的治疗或护理是否费用巨大，比如严重的阿尔茨海默病等。

在涉及保单实际理赔时，我们需要关注保险公司对于重大疾病保险保障范围的设定。

1. 重疾定义的发展和规范

不同保险公司对于同一种疾病，有不尽相同的重疾标准，重疾险的定义、保障病种、要求的治疗方法都会有些许差异，因此在理赔的时候，可能产生纠纷——同一种疾病，一家保险公司可以理赔，在另一家公司就得不到赔付。

为了减少因为疾病定义的不同理赔尺度差异而产生的纠纷，中国保险行业协会和中国医师协会在 2007 年联合制定了我国首部《重大疾病保险的疾病定义使用规范》。规范中确立了发生率最高的 25 种重大疾病的定义标准，同时要求保险公司如果要以"重大疾病保险"命名一款保险产品，该产品的保障范围必须包含 25 种重大疾病中发生率最高的 6 种。自此，各家保险公司对于发生率最高的疾病都有了统一的赔付标准。

随着医学进步及重大疾病产品的发展，2020 年，中国保险行业协会和中国医师协会对《重大疾病保险的疾病定义使用规范》

进行了修订，规范了 28 种重大疾病的理赔标准，这 28 种疾病根据行业理赔情况及目前治疗成本等，在 2007 年版本的 25 种疾病基础上进行了疾病种类的增补以及疾病定义的更新和优化。

从表 4-1 对两个版本的疾病种类的对比中可以看出，2020 年的《重大疾病保险的疾病定义使用规范》在 2007 年版本的基础上增加了严重慢性呼吸衰竭、严重克罗恩病和严重溃疡性结肠炎 3 个疾病种类的规范定义，这也是在保险理赔实务中，除原 2007 版本中规范的 25 种重大疾病外，理赔较多的重疾。其中很多人特别在意的甲状腺癌的理赔，在 2020 年的修订版本中，将 TNM 分期为 I 期或更轻分期的甲状腺癌归类于"恶性肿瘤——轻度"，属于我们常说的轻症，而非重疾。可能有些人会觉得这个改变是降低了消费者的利益，让消费者更难获得高额赔付。

表 4-1 《重大疾病保险的疾病定义使用规范》两个版本中疾病名称的对比

规范版本	2007 年版本	2020 年修订版	版本变化
重疾列表	恶性肿瘤	恶性肿瘤——重度	疾病定义变严格
	严重原发性肺动脉高压	严重特发性肺动脉高压	
	重大器官移植术或造血干细胞移植术	重大器官移植术或造血干细胞移植术	
	冠状动脉搭桥术（或称冠状动脉旁路移植术）	冠状动脉搭桥术（或称冠状动脉旁路移植术）	
	良性脑肿瘤	严重非恶性颅内肿瘤	
	心脏瓣膜手术	心脏瓣膜手术	疾病定义变宽松
	严重阿尔茨海默病	严重阿尔茨海默病	
	严重运动神经元病	严重运动神经元病	

（续）

规范版本	2007 年版本	2020 年修订版	版本变化
重疾列表	主动脉手术	主动脉手术	
	脑炎后遗症或脑膜炎后遗症	严重脑炎后遗症或严重脑膜炎后遗症	
	急性心肌梗塞	较重急性心肌梗死	
	脑中风后遗症	严重脑中风后遗症	
	终末期肾病（或称慢性肾功能衰竭尿毒症期）	严重慢性肾衰竭	
	深度昏迷	深度昏迷	
	双耳失聪	双耳失聪	
	双目失明	双目失明	
	瘫痪	瘫痪	定义尺度不变，部分定义有优化以减少理赔纠纷
	严重脑损伤	严重脑损伤	
	严重帕金森病	严重原发性帕金森病	
	严重Ⅲ度烧伤	严重Ⅲ度烧伤	
	多个肢体缺失	多个肢体缺失	
	急性或亚急性重症肝炎	急性重症肝炎或亚急性重症肝炎	
	慢性肝功能衰竭失代偿期	严重慢性肝衰竭	
	语言能力丧失	语言能力丧失	
	重型再生障碍性贫血	重型再生障碍性贫血	
	—	严重慢性呼吸衰竭	
	—	严重克罗恩病	新增规范定义
	—	严重溃疡性结肠炎	
轻症列表	—	恶性肿瘤——轻度	
	—	较轻急性心肌梗死	新增轻症规范定义
	—	轻度脑中风后遗症	

然而，Ⅰ期或更轻分期的甲状腺癌治疗成本低（有社保的情况下，在国内公立医院治疗费用不超过 5 万元），且治愈率极高（5 年累计生存率接近 100%），在这种情况下，得了Ⅰ期或更轻分期的甲状腺癌获得高额赔付并不符合保险的补偿性原则，且甲状腺癌的高发产生的非合理金额的理赔进一步拉高了重疾险的价格，对于其他没得甲状腺癌的重疾险客户并不公平。因此，对于甲状腺癌的理赔条件修改，也体现了这个规范在进一步优化。

同时在 2020 年版本的规范中规定，2021 年 2 月 1 日后的重疾险产品，必须包含："恶性肿瘤——重度"、较重急性心肌梗死、严重脑中风后遗症、重大器官移植术或造血干细胞移植术、冠状动脉搭桥术（或称冠状动脉旁路移植术）、严重慢性肾衰竭这 6 种重疾。规定重疾险必须包含这 6 种重疾的原因是根据保险公司过往的理赔数据，这 6 种重疾的理赔占比达到了所有重疾赔付的 94% 以上。这 6 个疾病种类与 2007 年规范中的疾病种类基本一致，优化了部分定义。

另外，值得一提的是，2020 年的版本中规定，如果这款重疾产品还保障了保险金低于上述 6 种重疾的其他疾病（也就是我们一般说的轻症、中症等相比重疾程度较轻的疾病），其他疾病中必须包含"恶性肿瘤——轻度"、较轻急性心肌梗死、轻度脑中风后遗症，这 3 种疾病也是在过往理赔实务中常出现的疾病。

因此，虽然很多重疾险保障了 50 种、100 种甚至超过 100 种疾病，最有用的重疾保障还是针对行业做过规范的这 28 种重疾。当然如果经济宽裕，还是可以花钱买个心安，选择保障较多疾病种类的重疾险产品。

2. 重大疾病定义分类

说到重疾的理赔，"得病了就赔付"这个描述其实并不十分准确。根据市面上的重疾险疾病分类，我们将重疾理赔的标准分为三类：确诊即赔付，得病并实施手术后可获赔付，得病且病情达到约定状态后可获赔付。无论得了哪类重大疾病，一般保险公司都需要客户提供二级及二级以上公立医院专科医生的明确诊断，或在这些医院完成手术治疗后才会进行赔付。

（1）确诊即赔付

这类理赔方式对应的疾病包括多个肢体缺失、双耳失聪、双目失明、严重Ⅲ度烧伤、急性重症肝炎或亚急性重症肝炎等。这类疾病，在理赔申请时需提供医生的诊断报告。

（2）得病并实施手术后可获赔付

这类理赔方式对应的疾病包括重大器官移植术或造血干细胞移植术、冠状动脉搭桥术（或称冠状动脉旁路移植术）、严重非恶性颅内肿瘤、心脏瓣膜手术等。

这类理赔方式会对手术方式提出一些要求，以心脏瓣膜手术这个重疾的赔付为例，根据《重大疾病保险的疾病定义使用规范（2020年修订版）》中的疾病定义，赔付的要素之一是被保险人为了治疗心脏瓣膜疾病，实施了切开心脏进行的心脏瓣膜置换或修复的手术。所有没切开心脏的心脏瓣膜介入手术不在该疾病险的保障范围内。也就是如果没有做切开心脏的手术，是不会对这个重疾进行理赔的。所以这里需要注意，如果不幸得了重疾需要实施手术，请翻开条款查看这个疾病的理赔是否对治疗方式有限制,并和主治医生沟通具体治疗方式是否可以按照条款中的要求进行,以便更顺利地获得赔款。

当然,我们在配置重疾险的时候,会投保一些保障期间较长(如保终身)的重疾保险。投保若干年后,曾经需要动大手术的疾病可能随着医疗技术的发展,已经可以通过微小的手术处理。这种情况建议提早和保险公司沟通,以确定是否可以进行赔付。

(3)得病且病情达到约定状态后可获赔付

这类疾病包括恶性肿瘤——重度、较重急性心肌梗死、严重脑中风后遗症、严重慢性肾衰竭、深度昏迷、严重阿尔茨海默病等。

3. 轻症、中症、重症的区分

很多重疾险也会根据疾病的治疗费用以及对生命的威胁程度等将不同的疾病进行分类(如表4-2所示)。治疗费用高或对生命威胁较大的病种按重疾赔付;一些相较于重疾治愈率高且治疗费用较低的疾病,一般根据病情可被归类于轻症、中症、重症。中症、

表 4-2　相关联的轻症、中症、重症

轻症	中症	重症
恶性肿瘤——轻度		恶性肿瘤——重度
微创冠状动脉介入手术		冠状动脉搭桥术(或称冠状动脉旁路移植术)
单眼失明		双目失明
	单个肢体缺失	多个肢体缺失
	中度瘫痪	瘫痪
	中度克罗恩病	严重克罗恩病
轻度Ⅲ度烧伤	中度Ⅲ度烧伤	严重Ⅲ度烧伤

轻症的赔付比例会低于重疾。如果被保险人得了一种疾病，同时达到了重症、中症或者轻症的理赔标准，一般保险公司只会赔付最严重的一项，也就是重症责任。

二、癌症都是重疾吗

生活中我们经常会听到一句话，叫作"谈癌色变"，得了癌症在很多人眼里就是得了重疾。但在保险实务里，癌症也分很多种，不同种类的癌症被定为不同的类别，有些可以获得重疾的赔付，而有些不能。

1. 癌症与原位癌

医学上对癌症的定义是指起源于上皮组织的恶性肿瘤，是恶性肿瘤中最常见的一类。在保险条款中，一般不会有"癌症"这个疾病名称。如果翻阅重疾险条款，特别是近10年投保的重疾产品条款中，一般与癌症有关的恶性肿瘤、原位癌、白血病等多种不同的疾病，根据其是否容易治愈、治疗费用高低、治疗时间长短等综合评估，对不同种类及程度的癌症也做了重症和轻症的区分。

原位癌是恶性细胞产生后，限于上皮内尚未穿破基底膜浸润周围正常组织的癌细胞。还没有穿透基底膜，意味着这些恶性细胞没有侵略其他组织。治疗原位癌的方式也相对比较简单，一般手术切除患处即可。因此原位癌的治疗费用较低，且治愈率高，一般在包含轻症责任的重疾险中，作为轻症理赔。

2. 保险保障的恶性肿瘤也有分级

根据前文提到的《重大疾病保险的疾病定义使用规范（2020年修订版）》，在过渡期后投保的重疾险，对于恶性肿瘤会根据严重程度进行分级赔付。

根据规范，下列我们日常可能认知为癌症的疾病，不属于"恶性肿瘤——重度"，保险公司不做重疾理赔：

1）《国际疾病分类肿瘤学专辑》第三版（ICD-O-3）中肿瘤形态学编码属于0（良性肿瘤）、1（动态未定性肿瘤）、2（原位癌和非侵袭性癌）范畴的疾病，如：

a. 原位癌，癌前病变，非浸润性癌，非侵袭性癌，肿瘤细胞未侵犯基底层，上皮内瘤变，细胞不典型性增生等。

b. 交界性肿瘤，交界恶性肿瘤，肿瘤低度恶性潜能，潜在低度恶性肿瘤等。

2）TNM 分期为 I 期或更轻分期的甲状腺癌。

3）TNM 分期为 T_1、N_0、M_0 期或更轻分期的前列腺癌。

4）黑色素瘤以外的未发生淋巴结和远处转移的皮肤恶性肿瘤。

5）相当于 Binet 分期方案 A 期程度的慢性淋巴细胞白血病。

6）相当于 Ann Arbor 分期方案 I 期程度的何杰金氏病。

7）未发生淋巴结和远处转移且 WHO 分级为 G1 级别（核分裂象小于 10/50HPF 和 Ki-67 小于或等于 2%）或更轻分级的神经内分泌肿瘤。

上述第 2）~ 7）项的治疗费用较低，且治愈率高的恶性肿瘤，在包含了轻症保障的重疾中，会作为"恶性肿瘤——轻度"按轻症赔付。

因此涉及恶性肿瘤赔付时，保险公司会关注病历上的分期等内容。

三、单次重疾不只保单次，多次重疾也不一定保多次

在选择重疾险时，我们经常会看到单次重疾和多次重疾的描述。那么单次重疾是只赔付一次的重疾险吗？多次重疾是不是得了同一种病也能赔付多次？下面我们展开介绍。

1. 单次重疾里的多次赔付

目前市面上销售的主力重疾产品是单次重疾，也就是得了重疾后赔付一次。当然，单次重疾中也有很多产品会包含轻症或者中症的赔付，可以在赔付轻症或者中症后，继续赔付重症。

可是有些重疾，在治愈后复发率很高，或者虽然可以通过治疗等手段保住生命，但是需要一直维持治疗，还有即便治好了一种病后面不幸又得了另一种病的可能。一次重疾险的保险金，没办法在这个病复发或者持续状态，又或者得了新的重疾的情况下，给到患者足够的经济支持。针对这样的痛点，保险公司也设计了一些针对特定疾病的复发或者持续做二次赔付的责任，目前市面上最常见的二次赔付责任有心脑血管疾病的二次赔付（保险金条款如图4-1所示）和恶性肿瘤的二次赔付。

特定心脑血管疾病保险金	本合同约定保障**特定心脑血管疾病(见7.17)**共10种。
	被保险人发生本合同所约定的特定心脑血管疾病并且符合以下情形之一的,我们按照本合同基本保险金额的120%给付特定心脑血管疾病保险金,本项保险责任效力终止:
	(1) 被保险人因意外伤害或于等待期后因意外伤害以外的原因经医院的专科医生确诊首次患有本合同所约定的特定心脑血管疾病之外的其他重大疾病,且我们根据本合同约定已给付重大疾病保险金的,自该重大疾病确诊之日起180天后,经医院的专科医生确诊首次患有本合同所约定的特定心脑血管疾病;
	(2) 被保险人因意外伤害或于等待期后因意外伤害以外的原因经医院的专科医生确诊首次患有本合同所约定的特定心脑血管疾病,且我们根据本合同约定给付重大疾病保险金的,自该特定心脑血管疾病确诊之日起365天后,经医院的专科医生再次确诊患有同一种疾病,且属于本合同所约定的特定心脑血管疾病。**理赔时必须提供相关病历记录证明被保险人自该特定心脑血管疾病确诊首次患有后,病情曾经好转至未到达本合同所约定的特定心脑血管疾病的定义要求。**
	若确诊首次患有的特定心脑血管疾病为本合同所约定的"严重脑中风后遗症",则再次确诊"严重脑中风后遗症"须由颅脑显影或影像学检查证实与确诊首次患有的"严重脑中风后遗症"相比为新一次的中风,并符合本合同所约定的"严重脑中风后遗症"定义条件。

图 4-1 某款重疾险特定心脑血管疾病的保险金条款

2. 多次赔付的重疾险

市面上多次赔付的重疾险有赔付两三次的,也有五六次的,已赔付次数的多少可能会对再次理赔造成一定的影响。当然,对理赔影响最大的还数这款多次重疾险是否分组。

(1) 分组的多次赔付重疾险

分组多次重疾主要是指一个重疾险会按照重疾的类型来划分2~6组,每组重疾险只能赔付一次,总赔付次数一般在2~6次。通常相关性较高的疾病会被分到一组,比如恶性肿瘤和重要器官相关的疾病、心脑血管类的疾病会分别归类到一组,如图4-2

> **2.7.5 恶性肿瘤扩展保险金（可选责任）**
>
> 被保险人在本公司认可的医疗机构内被专科医生初次确诊本合同"10.3 重大疾病定义"中的"恶性肿瘤——重度"之外的其他重大疾病，且针对该疾病我们已经按约定给付重大疾病保险金后，初次患本合同"10.3 重大疾病定义"中的"恶性肿瘤——重度"（无论一种或多种）并在本公司认可的医疗机构内被专科医生初次确诊，我们按本合同基本保险金额的150%给付恶性肿瘤扩展保险金，**若您在投保时选择投保了可选保险责任"特定心脑血管疾病扩展保险金"且我们尚未按约定给付特定心脑血管疾病扩展保险金的，本项保险责任终止，若您在投保时未选择投保可选保险责任"特定心脑血管疾病扩展保险金"或您在投保时选择投保了可选保险责任"特定心脑血管疾病扩展保险金"且我们已经按约定给付特定心脑血管疾病扩展保险金的，本合同终止。**初次确诊"恶性肿瘤——重度"的确诊日须距重大疾病保险金对应的"恶性肿瘤——重度"之外的其他重大疾病确诊之日已起满一百八十天。
>
> 被保险人在本公司认可的医疗机构内被专科医生初次确诊本合同"10.3 重大疾病定义"中的"恶性肿瘤——重度"，且针对该疾病我们已经按约定给付重大疾病保险金后，再次患"恶性肿瘤——重度"（无论一种或多种）并在本公司认可的医疗机构内被专科医生再次确诊，我们按本合同基本保险金额的150%给付恶性肿瘤扩展保险金，**若您在投保时选择投保了可选保险责任"特定心脑血管疾病扩展保险金"且我们尚未按约定给付特定心脑血管疾病扩展保险金的，本项保险责任终止，若您在投保时未选择投保可选保险责任"特定心脑血管疾病扩展保险金"或您在投保时选择投保了可选保险责任"特定心脑血管疾病扩展保险金"且我们已经按约定给付特定心脑血管疾病扩展保险金的，本合同终止。**再次确诊"恶性肿瘤——重度"的确诊日须距重大疾病保险金对应的"恶性肿瘤——重度"确诊之日已起满三年，且需满足下列条件之一：
> (1)与初次确诊的"恶性肿瘤——重度"属于不同的病理学及组织学类型；
> (2)为初次确诊的"恶性肿瘤——重度"的复发转移或扩散；
> (3)初次确诊的"恶性肿瘤——重度"仍持续。
> 对于被保险人在本合同生效日前所患的"恶性肿瘤——重度"，在本合同有效期间内再次确诊该疾病的，我们不承担给付本项保险金的责任。

图 4-2 某款重疾险的恶性肿瘤扩展保险金条款

所示的条款就是一个例子。这个分组的操作降低了一定的多次赔付可能性，但也在一定程度上降低了产品的价格。

（2）不分组的多次赔付重疾险

不分组的多次赔付重疾险，相对于分组的多次赔付重疾险，就是不会把重疾分组，一般会提供 2～3 次的重疾保障，前一次的疾病在赔付重疾保险金后，后面得了其他疾病就可以得到第二次重疾赔付。这里强调一下，已经赔过的同种重疾后面即使再得了也不会再赔。对于同种重疾二次赔付，目前市面上可以满足这个需求的就是上面所说的二次心脑血管、二次恶性肿瘤的责任。这些责任同样在部分多次赔付的重疾险中也是有的。

第二节　首次发生并确诊能赔，首次发生或确诊拒赔

重疾险与医疗险虽然都是医疗相关的保险，但重疾险的理赔和医疗险的报销走的是两种截然不同的理赔流程。

医疗险报销需要被保险人提供详细的清单，经过保险公司对清单中的药品、治疗项目等内容的逐一清查，全部符合条件后，才能核算整体理赔金额。

重疾险的理赔却是一次性完成的，也就是根据客户投保的金额、疾病类型及程度，参照保险合同条款直接确认赔付金额的分级。

那么，这是否意味着，只要疾病得到确诊，保险公司就一定会赔付重疾险的保险金呢？其中还有哪些细节需要被保险人一一知悉？在本节中，我们将从保单时间限制、投保人的如实告知等因素来详细说明。

一、关注保单中的时间限制

看一张重疾险保单是否会做赔付，我们需要关注得病的时间是否在保单约定的赔付时间内。而这个赔付时间具体看的是保单的几个期限：保单的生效日期、保障期限和观察期（这个观察期，

在很多条款中又叫作等待期)。这些期限,作者强烈建议,大家在投保后拿到保单的第一时间就要确认。如果合同中时间节点出现问题,可能会对未来的理赔造成隐患。

1. 保障的开始和结束

在不熟悉保险的人看来,保险的生效时间是从自己缴费完成的时刻算起,但是实际上并非如此,有一些可能会影响被保险人后续理赔的小细节,需要提前了解。

(1) 投保日期和生效日期

一张保单的开始时间,我们一般会看到两个时间点:一个是投保日期,另一个是生效日期。生效时间是一张保单真正开始提供保障的时间。

投保日期是指申请投保的时间。一般指投保日当天。有些保险公司也用客户投保缴费的时间作为投保时间。这个时间对于保单效力来说,一般不太重要。

大家需要更加关注的是保单的生效日期,这是保险公司真正开始承担保障的时间,符合健康告知并投保后,一般保单的生效日期是投保日后的第二天。所以要给大家强调一下,如果意外发生后再投保意外险,保险公司是不会赔付的,以及如果意外发生时保单还没有生效,保险公司也是不会赔付的。

(2) 保单的保障时间

重疾险的保障时间一般分为保终身、保至一个特定日期(如保障至 70 周岁的保单周年日)和保一定时间(如保 30 年)三种。

对于不是保终身的保单，大家一定要关注保障的截止时间，尽量在保障结束前继续配置一些可以继续提供保障的重疾险，以防在一张重疾保单保障结束后得病了，就没有其他重疾险可以理赔了。

2. 保障期间内得了重疾就能赔吗

只要重疾险的保单已经生效了，任何时间得病就都可以理赔吗？答案是否定的，我们还需要在申请理赔时注意保单的等待期和各项责任赔付的间隔期。

（1）保单的观察期（等待期）

等待期，也称观察期，是指在保险合同生效那天开始算起的一段时间内，如果被保险人被检查出患有保险合同内的疾病，保险公司不做理赔。几乎所有重疾险都有等待期，通常为 90～180 天。

设置等待期的目的主要是为了防止逆选择的发生，逆选择是指投保人已知被保险人具有风险发生的可能或风险已经发生，投保相关保险，并以此获取赔偿。比如已患有保单承保范围的疾病并投保该保险，这就是典型的带病投保行为，带病投保的行为对其他如实告知正常投保的客户来说，是一种利益伤害。为了保护正常投保客户的利益，打造公平公正的投保环境，才有了保险中特有的"等待期"。

这个设置不会影响到因为意外事故导致的重疾的理赔。对于被保险人是因为意外造成的重疾，及时在等待期内申请理赔，保险公司是会做赔付的。

（2）间隔期

在上面我们讲到了一张保单可能有多次赔付的责任，那么多次赔付的理赔申请需要特别关注间隔期。间隔期一般是指两次患病中间的时间，一般以两次患病的确诊时间作为判断依据。两个确诊日期中间的时间小于间隔期的疾病，保险公司是不会赔付的。

二、是否如实告知决定理赔的顺利程度

保险公司在决定是否承保保单的时候，会对被保险人进行一定的询问。对询问的如实回答，也就是保险专业术语中的如实告知，非常重要。这不仅能帮助保险公司筛选重大风险，而且也保护了客户的真正利益。

大家投保时，千万不要相信"不用说，以后都能赔的"以及其他类似话术。毕竟根据《保险法》第十六条，如果未如实告知，保险公司在客户得了重疾以后，是有法律保护，可以拒绝理赔的。

保险公司在客户申请理赔后，对于一些他们认为的高风险案件会发起理赔调查，通过走访医院、调取客户既往体检报告等手段查看客户是否有未如实告知的情况。千万不要抱有侥幸心理，觉得投保时不告知也没关系，不如实告知并被查到，如果被判断为恶意的行为，不仅没办法获得理赔款，保险公司还有权不退回保费并强制解除该保险合同。

如果如实告知保险公司情况，保险公司已知悉该被保险人具体情况并确认承担相关保险责任，那么即使后续真的得病了，保险公司也会正常理赔。例如，小 A 在投保时详细告知了保险公司自己有乳腺结节，并提供了近期的体检报告，保险公司在审核后决定以标准体承保这张保单。那么小 A 后续即使得了乳腺癌，保险公司也是会做赔付的。

1. 投保时怎么告知

重疾险需要投保时如实告知被保险人的身体状况及其他保险公司询问内容（如是否有过被其他保险公司拒绝承保、已经投保保额、家庭经济状况等内容）。投保时如实告知有 3 个原则：有问必答，无问不答，怎么问就怎么答。

（1）有问必答

保险公司问到的问题都需要回答。比如健康询问中保险公司询问：被保险人是否患有甲状腺结节，如果被保险人确实在体检中发现有，那么要回答"是"，不能因为医生说这个结节"不是大事""没有关系"就不做回答了。如果有后续提问或被要求提供相关资料，需要做相应的补充说明和提交。

（2）无问不答

保险公司没有问到的问题不需要额外回答。比如被保险人处于怀孕状态下，但是保险公司没有问是否怀孕，就不需要告知保险公司被保险人正在怀孕。

（3）怎么问就怎么答

保险公司怎么问就怎么回答。依旧以怀孕的被保险人为例，如果保险公司询问的问题是：被保险人是否孕周未超过 28 周，但孕期检查结果有异常？那么如果被保险人怀孕超过 28 周，但检查结果没有异常就不需要告知。

2. 补充告知

补充告知是指客户在完成投保以后，针对投保过程中保险公司询问的问题没有告知的,向保险公司进行告知。在买保险时,客户也许听信了别人的建议或者疏忽忘记了,有健康异常却没有如实告知,过后才意识到如实告知的重要性。而这种情况下就需要引出补救方法:那就是补充告知。那么补充告知是什么?补充告知是否会影响理赔呢?下面我们来说一说。

(1)什么情况需要补充告知

对于在投保前已经知道的情况,在投保时没有告知的,投保后应尽快向保险公司做补充告知。在投保后才知道的身体状况变化,则不需要进行补充告知。

(2)补充告知会影响理赔吗

补充告知后,保险公司会根据投保人告知的内容,对原来的保单进行重新审核。通常审核结果有3种。

1)补充告知的内容不影响原来的核保结论,保单继续有效。

2)补充告知内容影响原来的核保结论,但不至于让保险公司解除保单。这时候保险公司会在原承保条件下,对保单做出增加保费或者不再承担某些疾病的理赔责任的决定。

3)补充告知的内容不在保险公司接受承保的范围内,保险公司解除保单合同。合同解除的情况下,保险公司并不一定会退回全额的保费,所以在这里提醒大家,投保重疾险时,尽量如实告知,避免后续再进行补充告知。

3. 非标核保结论:除外责任、加费承保还能赔吗

对于一些在投保时身体状况不太好、达不到原标准承保的被

保险人，保险公司可能会做有条件的承保，也就是非标准的承保。常见的非标承保一般有：保险合同中增加除外责任或者增加保费做承保。那这些非标承保的保单，在得病后可以申请正常理赔吗？

（1）除外责任承保保单的理赔

除外责任承保，一般会在保单合同中约定，对于某些在该重疾险中承保的特定的疾病不做赔付或者规定某些特定的疾病不在这张保单的保障范围内。

举个比较常见的例子，小A有乳腺结节，保险公司核保审核后做出了"乳腺相关疾病不在保障范围内"的核保决定，即将乳腺的相关疾病视为除外责任了。那么当小A得了乳腺癌时，就不需要尝试申请理赔了，保险公司对这个责任是不会赔付的。若小A后面又得了其他重疾，可以正常申请理赔。

（2）加费承保保单的理赔

加费承保的保单就比较好理解了，保险公司根据客户的身体状况，加一定的保费来承保保单。后面得了这张保单上保障的疾病时，可以正常申请理赔，保险公司赔付的保险金额也是根据保单合同上列明的金额正常赔付的。

三、重疾可以叠加理赔吗

随着现代人可支配收入的增长，人们的钱包越来越鼓，每个人可以负担的保险也越来越多，包括重疾险、医疗险、意外险等，其中有的保险可能是个人投保，有的则是企业给员工制定的福利政策，那么，在这种情况下，如果被保险人患上重疾，他是否可以对多张保单同时申请叠加理赔呢?

1. 投保了多份不同保险是否可以叠加理赔

多份不同的保险可能是持有多张重疾险保单,也可能是同时持有重疾险、医疗险或者意外险、寿险等不同险种。先下个结论,多张保单的重疾险一般是可以叠加理赔的。

(1) 投保了多份重疾险是否可以叠加理赔

对于多份重疾险,只要得的病在这些保单的范围内,均可向保险公司申请理赔。通常符合条件的情况下,保险公司都会做赔付。

有个情况需要大家在投保时特别注意,如果保险公司在投保的时候对你正在申请的或者已经投保的保额做过询问,不要觉得这个和你的身体状况没有关系而不做告知。我们在理赔实操中曾经有过,某保险公司因客户投保后不久就得了重疾,判定该客户是带病投保。即使没有找到客户带病投保的相关证据,保险公司仍可以未如实告知投保时的询问为理由,做出拒赔的决定。

(2) 赔了重疾还能赔医疗险吗

通常来说,不同保单的重疾险和医疗险的赔付是不冲突的。赔付了重疾险不影响医疗险的理赔,反之亦然。

2. 一个疾病符合几个重疾的定义可以叠加赔付多种重疾吗

首先,我们来看看重疾险中常见的条款——"三同"条款:

若被保险人因同一疾病原因、同次医疗行为或同次意外伤害事故导致其罹患合同所定义的两种或者两种以上的重大疾病，仅按其中一种重大疾病给付重大疾病保险金。

一般来说，对于一个疾病同时符合一张保单中多个重疾定义的情况下，一般保险公司只会赔付一种。如果一个疾病同时符合一张保单中的轻症、中症或者重疾的定义，那么保险公司通常也仅做一个责任的理赔，赔付保障额度最高的责任。

第三节　重疾险纠纷：宽限期内就诊、复效期内确诊是否理赔

由于重疾险本身的特殊性——保障时间长且需要多年持续缴费，在这个过程中，投保人也许会遭遇经济能力改变，或因为其他各种原因导致保费断缴，从而影响这张保单的效力。

那么，在这种情况下，被保险人如果被确诊了重疾还能否得到赔付呢？是否有其他的方法可以避免保单断缴呢？

一、没按时交保费，保单就不赔了吗

先给出结论：没有按时交费，保单还是有机会可以赔付的。

1. 保单的宽限期

《保险法》第三十六条第一款规定：

> 合同约定分期支付保险费，投保人支付首期保险费后，除

合同另有约定外，投保人自保险人催告之日起超过三十日未支付当期保险费，或者超过约定的期限六十日未支付当期保险费的，合同效力中止，或者由保险人按照合同约定的条件减少保险金额。

因此，一般保险公司会在分期交费的重疾险合同里设置一个60天的宽限期，从保费应交日的次日开始算。在宽限期内，保单正常有效，如果过了宽限期还没有交费，那么保单效力就中止了。

2. 宽限期内得了重疾能赔吗

《保险法》第三十六条第二款：

被保险人在前款规定期限内发生保险事故的，保险人应当按照合同约定给付保险金，但可以扣减欠交的保险费。

因此在宽限期内被保险人得了重疾，正常申请理赔即可。

二、保单效力中止与恢复

上面提到如果在宽限期内还没有交费，那么保单效力就中止了。那么，保单效力中止的后果是什么？保单如何恢复效力，以及恢复效力后是否可以正常理赔？

1. 保单中止影响重疾理赔

保单效力中止的时候，如果被保险人不幸得了病，保险公司是不会赔付保险金的。所以不在万不得已的时候，千万不要断缴保费。

2. 保单可以恢复效力吗

在保单中止 2 年内，投保人是可以向保险公司申请保单复效的。然而，复效是有条件的。

（1）保单复效的条件及申请流程

一般投保人申请保单复效后，保险公司会对被保险人当时的身体状况等因素进行重新评估。如果被保险人没能满足承保条件，保险公司是有权不接受保单复效申请的。

（2）保单复效后马上可以理赔吗

重疾险的保单复效后一般是不能马上申请理赔的。如果保险公司接受了复效申请，投保人补交保费后，保单会恢复效力。然而，保险公司一般会在保单恢复效力之日起，重新计算等待期。在等待期内，不是因为意外导致的疾病，保险公司是不会理赔的。

（3）保单终止状态/退保后不能复效

保单效力中止两年内如果没有申请保单的复效，那么保单状态就终止了。以及如果投保人申请了退保，保单在退保后也会处于终止状态。这张保单未来将不会提供任何保障。这个状态是不可逆的，在选择不交保费或者退保的时候请一定三思。

三、灵活使用的保单现金价值

当然，有时候投保人可能因为经济上遇到了困难，苦于没办法交费，导致了重疾保单的中止。如果只是可预见的短暂时间内的经济困难，笔者建议投保人利用部分保单现金价值来帮助缓解经济危机。

保单的现金价值是指投保人在犹豫期[一]外退保的时候，保险公司会退回的费用。一般重疾险的交费期间都会短于保障时间，也就是说我们会在前几年把后面保障的钱也交了，这些提前交的钱就会在保单里产生一定的现金价值。保单的现金价值一般是在投保时就已经确定的，在重疾险的保险合同中会列明。

至于重疾险的现金价值的利用，笔者是不建议投保人直接退保获得金额的。一来，一般单纯保障型的重疾险，保单的现金价值都不高，退保了也获得不了很多钱；二来，一旦退保，保单效力就不可逆地终止了，这份重疾保障就没有了。那么，除了退保获取，现金价值还能怎么用呢？

1. 保单贷款

一般的重疾险保单会有保单贷款的功能，可以提供6个月的短期贷款。最高可贷金额为80%的保单现金价值。这部分钱可以拿来救急用，当然也需要按时归还。对于保单贷款不按时归还的情况，如果贷款本金加上利息超过了保单现金价值，那么这张保单就中止了，需要申请复效才有可能恢复效力。保险公司同意复效后，投保人需要交清贷款和利息以及欠交保费才能恢复效力，而且保险公司可能会重新计算保单的等待期，这就得不偿失了。

[一] 犹豫期是指投保人在收到保险合同10天（或15天）内，如果不同意保险合同内容，可将合同退还保险人，并申请撤销。

在保单贷款的过程中,如果得了重疾,那么保险公司会在赔付保险金时扣减保单贷款的本金和利息。

2.减少保额或减额交清

减少保额和减额交清都不是保险公司必须提供的操作,这样的操作也不适合大部分保障型的重疾险。如果家庭经济遭遇比较大的变故,觉得无力支持相对较高的保费,可以尝试咨询保险公司是否可以申请这两个保全项目。

减少保额就是跟保险公司申请降低保额,保险公司退还减少保额部分对应的现金价值。在减少保额完成后,每期保费只要缴纳减少保额后的保额对应的保费,当然如果被保险人得了重疾,那么保险公司会按照减少保额后的保额进行赔付。

减额交清是指向保险公司申请降低保单的保额,把降低的保额对应的现金价值当作后续几期的保费,投保人后续就不需要再交保费了。减额交清后得病的理赔,也会按照减少后的额度进行赔付。

第四节 重疾险理赔实录一:3 岁女童患白血病,保费 90 元,获赔 30 万元

一、案例重现

李女士于 2017 年 5 月 27 日为自己年仅 3 岁的女儿投保了一份少儿白血病险,保费为 90 元。同年 8 月 22 日,李女士的女儿

因肺炎生病，经过多方治疗后却一直未见好转。李女士遂带女儿前往医院做了一系列检查，检查结果显示李女士女儿的幼稚细胞猛增了 20 多倍，最终不幸确诊为白血病。

女儿病情的发展出乎了李女士的意料，且医生表示，李女士女儿的病情并不乐观，后期如果继续发展，则需要进行细胞移植，手术治疗费用可能高达 30 万元，叮嘱李女士家人提前准备好后续的治疗费用。突遭大难，李女士有些手足无措，只能先把手头的积蓄以及给孩子储备的教育基金全都拿出来，填上眼前的这个窟窿，再和家人想办法继续筹钱。

好在天无绝人之路，在这个危机的时刻，李女士收到了一条保险到期需要续保的通知，这才让她想起自己给女儿购买了白血病的相关保险。李女士马上联系了保险公司进行理赔申请，并在保险公司理赔专员的协助下，顺利获得赔偿金 30 万元，为孩子后续的治疗提供了充足的保障。

二、案例答疑

1. 孩子重疾险出险后，应由谁申请理赔

重疾险出险后，当被保险人还是未成年人时，由其法定监护人代理申请。未成年人的监护人是其父母，因此父母任意一方都可以向保险公司申请理赔，只要在申请的时候提供关系证明，比如出生证明、户口本或其他相关证件。

在理赔实践中，父母为未成年子女购买保险的情况非常普遍，子女在未满 18 周岁时如果发生理赔事故，由父母提出理赔

申请。一旦子女满了 18 周岁，就只能由其本人申请了。

2. 买了其他重疾险，是否可以再买白血病保险，确诊白血病后是否可以叠加赔付

白血病在少儿人群中发病率较高，治愈率较好，其对应的治疗费用也高。部分家长担心一份普通的重疾险保障不了孩子的基本治疗需求，一般会再单独增加一些特定重大疾病保险，如在购买了普通的少儿重疾险的基础上，又另外配置了本案例中的特定白血病保险，只要确诊为合同中约定的白血病，是可以叠加赔付的，具体赔付金额以合同约定的保障额度为准。

三、理赔流程要点

少儿重疾险的理赔流程是怎样的？

第一步，确诊即报案。

孩子首次确诊为重大疾病后，需要核对保单，看是否属于保单中所载明的重大疾病，若是属于保单所载明的保险责任，即应立即向保险公司报案，不用等到出院或者治疗结束后再申请理赔；若无法判断是否属于保险责任或是无法判断是否达到赔付标准的，也可先行报案，保险公司会根据初步情况受理。

第二步，准备相关理赔资料。

图 4-3 是一般重疾险所需要提供的理赔资料，少儿重疾资料在身份证明以及申请人这方面有一定要求，其他的基本与成人的一致。

> ①被保险人身份证明资料(身份证正反面复印件;被保险人为未成年人时,若还未上户口请提交出生医学证明及其副页,若上户口了请提交被保险人户口本页)。
> ②申请人身份证正反面复印件(未成年人保单需提供)。
> ③银行卡有卡号面(储蓄卡,且需填写详细的支行信息)。
> ④关系证明(未成年人保单需提供,证明申请人与被保险人关系,未成年人保单可提供出生证明或完整二代户口本页)。
> ⑤门诊病历(若是此次有门诊就诊需提交门诊病历封面、病历本页(本页须有就诊日期、医生签字或盖章),并且需提供首诊病历)。
> ⑥完整的住院病历(包括病历首页、入院记录、出院记录/出院小结、手术记录、诊断证明、病理报告、化验、影像等检查资料,并且需提供首诊病历)。
> ⑦意外事故证明(因意外导致的保险事故,并经由公安机关等有权机构处理的需要提供意外事故证明)。
> ⑧其他资料(保险公司要求提供的其他资料)。

图 4-3　重疾险所需要提供的理赔资料

四、案例启示

1. 在配置了普通的少儿重疾险后,可以再加一份特定白血病保险,给孩子更全面的保障

根据中华人民共和国国家卫生健康委员会报道:中国儿童(15岁以下)白血病发病率约为10万分之4～5;如扩大至18岁以下,每年新发患儿为1.5万人左右。儿童白血病是儿童恶性肿瘤中发病率最高的,占到整个儿童肿瘤的1/3左右,是导致儿童死亡的主要杀手,仅次于意外死亡。由于儿童白血病治疗技术发展迅速,80%以上的儿童白血病可以治愈。对于低危的小患者,在发现早且治疗顺利的情况下,低危急性淋巴细胞白血病的全程费用大概是30万元;对于少数高危、耐药难治型、复发的

急性淋巴细胞白血病及非急淋患者，需要异体干细胞移植，移植费 40 多万元（不包括后续的抗排异治疗费用）。为了给孩子提供更好的治疗，在配置了普通少儿重疾险以后，再搭配专门的少儿白血病保险，可以为孩子提供更全面的保障。

另外，家长应了解白血病在儿童中发病率如此高的原因，生活中注意防范。据有关调查，大部分孩子在罹患白血病前后，都曾入住新装潢房屋，已有大量证据表明，家庭装潢材料，如油漆等中含有大量的苯、甲苯、苯醌、甲醛等物质，可影响人体内氧化还原酶的活性，严重抑制骨髓功能，并可使染色体发生易位，孩子的抵抗力相对较差，暴露于这种环境中致使儿童白血病的发病概率明显高于成人，这是大众关注得较多的一种说法。

然而，白血病的发病原因尚未有确切的说法，家庭环境、遗传因素、细菌病毒感染等都有可能增加白血病发病率。家长做好保险规划的同时，也应该给孩子提供健康的成长环境。

2. 购买少儿重疾险时，家长需要注意哪些事项

（1）保障责任

由于现在市面上少儿重疾险的产品比较多元化，家长在投保重疾险时一定要注重保险责任；根据中国保险行业协会《重大疾病保险的疾病定义使用规范（2020 年修订版）》，重大疾病的定义有 28 种，保险公司可以在此基础上扩展，但是该条例适用人群是 18 周岁以上的成人，对于少儿重疾有另外的规定，因此要特

别明确条款中对重点疾病的释义。现在，保险公司为了产品更加有竞争力，会另外添加许多附加责任供消费者选择，添加附加险时，也要看清对应的保险责任与保障期限。

大人与孩子的高发重疾是有区别的，在给孩子选重疾险的时候，重点要留意是否保障了儿童常见的高发重疾，比如白血病、脑恶性肿瘤、重症手足口病、严重川崎病等，建议选择包含高发特定基本额外赔付和罕见病额外赔付的少儿重疾险。另外，现在很多少儿重疾险还推出了附加可选择的责任"重度疾病多次给付保险金"，即除赔付首次重疾保险金外，在对重疾不分组的情况下，最高可再赔付几次对应比例保额的保险金；简单而言就是可选择单次赔付或多次赔付重疾保险金，目前市面上的重疾险产品比较多的就是至多赔付3次重疾保险金，而且是按照基本保额逐次增加赔付比例，比如首次确诊重疾赔付100%的保额，第二次确诊重疾赔付120%的保额，第三次确诊重疾赔付130%的保额。这部分的责任相当于又让孩子的保障更多一层，投保时选择后，其增加的保费也还是相对比较划算的，是值得考虑的一个方案。

（2）健康告知

投保时，健康告知也是很重要的一个环节，先天性疾病和投保前已患有疾病都是不保的，可能在核保的时候都通不过，如果不体检，只是投保时进行简单的健康告知，一定要如实告知孩子的情况，否则发生事故时保险公司会以此为由而拒赔。

《保险法》第十六条第一款规定：

订立保险合同，保险人就保险标的或者被保险人的有关情况提出询问的，投保人应当如实告知。

(3) 保费缴纳

根据保险公司的重大疾病费率表，在保障年限及缴费年限相同的情况下，在孩子越小的时候购买费率越低，随着年龄的增长费率是逐渐增加的，那每年要缴纳的保费也会增加，所以还是应及早做规划。

第五节　重疾险理赔实录二：夫妻互保豁免，给对方稳稳的安全感

一、案例重现

宋先生于 2020 年 1 月 7 日给妻子陈女士投保了一份保额为 30 万元的重疾险，可以保障到妻子 80 岁。这份重疾险每年的保费为 3283.81 元，缴费期为 30 年，并且附加了投保人豁免保险金。

同年 10 月 23 日，陈女士因胸闷气短到当地医院门诊检查，医生开具肺部 CT 和心脏检查，肺部 CT 检查结果是肺磨玻璃结节，同日到上海肺科医院进一步检查，初步诊断结果为右肺阴影性质待定，医生建议手术治疗，11 月 7 日病理诊断为右肺下叶恶性肿瘤。

出院一周后，陈女士向保险公司客服报案，并且向保险公司

提供了病理报告。经保险公司审核调查，确认出险时保单已过等待期，陈女士所患疾病属于保障范围，且达到重疾标准。在保险公司相关人员的指引下，陈女士理赔所需的材料邮寄给保险公司审核，保险公司在确认材料无误后，2021年1月15日，陈女士收到了重疾险的理赔款45万元，至此，以陈女士为被保险人的重疾险保险责任终止。

但是，陈女士和丈夫宋先生各自作为投保人给对方投保了重疾险，并都附加了投保人豁免保险金。因此，作为投保人的陈女士不幸患重疾出险后，她所投保的以宋先生作为被保险人的保单，则根据之前附加的投保人豁免责任，后续保费被豁免，该保单保障继续有效。

二、案例答疑

1. 重疾险主险赔付后，附加险还继续有效吗

大多数重疾险是主险赔付完成后，附加险也随之结束，因为在大多数情况下，主险是大于附加险的。但是随着重疾险产品的多样化，部分重疾险产品会添加长期意外、恶性肿瘤多次赔付、心脑血管疾病赔付等附加险，一般这种产品赔付重疾以后，附加险继续有效，并且发生轻症、重症的情况下，一般都会涉及保费豁免，但是附加险还继续生效，不过具体的还是要依据保险产品的合同条款规定，所以在配置附加险时，投保人一定要看清楚附加险条款的生效与失效条件。

2. 投保人豁免责任是什么？能否同时理赔

投保人豁免的意思是在保险保障期间，如果投保人发生保险合同约定事故，那么剩余保费就无须缴纳，但保障仍有效。如在本案中，陈女士和宋先生各自作为投保人，相互给对方投了重疾险，并都附加了投保人豁免保险金的责任。投保人陈女士不幸患重疾出险后，作为被保险人的宋先生保单因投保人豁免责任，宋先生保单无须缴纳后续保费，该保单保障继续有效。

附加险是可以同时申请理赔的，一般保险公司会根据保单责任，一次事故涉及的所有保险责任原则上会一次性赔付完成。若是被保险人或投保人理赔时忘记申请，且保险公司也未赔付的，发现后还可以再次申请附加险的赔付，并且要求退还多缴纳的保费。

三、理赔流程要点

1. 重疾险在未出院时，是否能报案

重疾险在确诊时即可报案，因为重疾险一旦确诊，符合保险责任的话，其赔付金额一般都是较大的，这个时候及时报案，保险公司可安排人员先行调查，省去中途因住院治疗后出院再报案，保险公司安排人员调查既往史的时间，并且在出院前即可沟通好理赔时需要准备的病历资料，避免多次返回医院，大大缩短了理赔的时效。

2. 为他人投保重疾险时，是否对投保人有法律上的限制

《保险法》第三十一条是关于人身保险利益的规定，第一款

规定如图 4-4 所示。

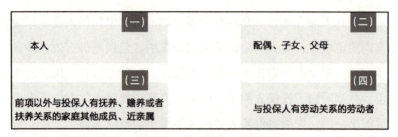

图 4-4　投保人对哪些人具有保险利益

除前款规定外，被保险人同意投保人为其订立合同的，视为投保人对被保险人具有保险利益。订立合同时，投保人对被保险人不具有保险利益的，合同无效。

由于重疾险是以他人的生命或身体为保险标的进行投保，要求投保人对被保险人必须有保险利益，一般都是本人自行投保，或者为配偶、为子女、为父母进行投保，图 4-4 中的第四项一般是团体保险才会涉及。

四、案例启示

1. 利用好保额杠杆，相同保费，可以买到更高保额

本案中的陈女士投保 30 万元保额，为什么最后却拿到了高达 45 万元的理赔款呢？

因为部分重疾保障责任规定：0～40 岁投保，前 15 年针对重疾额外赔付基本保额的 50%。

陈女士 37 岁投保，投保后的 15 年内，可因重疾额外获赔 50%，因此陈女士可获赔 45 万 [=30 万 ×(100%+50%)] 元。

由此看来，基础保额不恒等于理赔款，若想要利用小保费撬动高保额，可以考虑重疾额外赔付比例高的产品。

2. 夫妻相互投保，选择投保人豁免责任，若一方不幸因重疾出险，则另一方保障继续有效，且保费豁免

在本案中，根据投保人豁免责任，即使陈女士因轻、中症出险，陈女士和宋先生的保单也能享受后期保费全部豁免，且可以继续有效保障。这样看来，每年只需要小几百元的投保人豁免责任保费，对于普通的工薪家庭来说，这是一笔性价比很高的支出。

第六节　重疾险理赔实录三：新一代女性杀手"乳腺癌"，绝处何以逢生

一、案例重现

雷女士于 2018 年 6 月 21 日，在自己生日的前夕，为自己投保了一份重疾险，一年保费 570 元，保障期 1 年。保障责任为：保 50 种重疾，保额 30 万元，等待期为 90 天，保 1 年，18～50 岁均可续保，续保无等待期。

投保大半年后，即 2018 年下半年，雷女士在换衣服时意外发现自己的左乳房有一个硬块，但并没有把它放在心上，只是去了朋友介绍的老中医处，买了一些艾灸的药物进行治疗。

不料，等到 2019 年 2 月，雷女士发现当时硬块部位皮肤已经溃烂，并且蔓延到左边的腋窝下。这一下，雷女士才警觉起来，立即前往医院进行检查。检查结果是乳腺癌，连腋窝也被波

及：左乳腺浸润性导管癌，Ⅲ级，腋窝淋巴结继发恶性肿瘤。

慌了神的雷女士马上进入医院治疗，并且向之前投保的保险公司进行了理赔申请。经保险公司审核，雷女士确诊为左乳浸润性导管癌与腋窝淋巴结继发恶性肿瘤，符合保险责任，按重大疾病保险金赔付30万元。

二、案例答疑

1. 雷女士发现初期，采取的中医理疗是否对后续疾病确诊的理赔有影响

上述案例中，雷女士自觉有乳房肿块时，误以为是乳腺增生，没引起重视，只是采取了普通的艾灸治疗。但是从后面的病情看，当时的普通治疗，并不能阻碍疾病的发展，等到真的严重时，才去医院就诊。这里提示大家，在发现身体有异常的时候，一定要及时就诊治疗，以免误了后期的治疗。

癌症的发病原因有很多，因人而异，无法阻挡，秉持"早发现早治疗"的原则，肯定是比拖着治愈的概率更高。此外，若是及时就诊，一开始就确诊为癌症，也可以立即申请理赔，为后续治疗提供经济方面的支持，以更快、更好地进行治疗。若初期未确诊为癌症，治疗及时痊愈了，于身心也是一种安慰；若前期治疗后，还是不幸被确诊，也不耽误后面的理赔申请。

不管具体的事件是如何发展的，我们购买重疾险的目的都是为了保障自己的身体健康，因此，提高对疾病的警惕性，早发现早治疗，才是王道！

2. 一年期重疾险与普通长期重疾险有何区别

（1）保障期限不同

顾名思义，一年期重疾险在当份保险合同内，仅保障一年，一年一保；而普通的长期重疾险经常都是保障 20 年、30 年，甚至终身。为适应市场多元化需求，很多产品也可以选择 5 年期或是 10 年期。

（2）保费不同，产品定价方式不同

一年期产品，由于一年一保，采用的是自然费率：每年的保费与被保险人当年的风险发生率相对应，保费通常随着年龄而不断增长。年轻时购买重疾险保费会比较便宜，而在年老时会比较贵，有的差距会达到十倍以上。同时由于一年一保，费率随时可能调整，每年缴纳的保费是不一致的。

长期重疾险采用的是均衡费率，即每年缴纳的保费是恒定不变的。保险生效的初期，投保人缴纳的均衡保险费大于其应缴纳的自然保险费，后期时，投保人缴纳的均衡保险费低于应缴纳的自然保险费。投保人初期多缴部分的保险费就留在保险公司，由保险公司投资生息，来弥补投保人后期所缴保险费之不足，这样保险公司就取得了均衡，所以被称为均衡费率。因此，每年缴纳的保费是一样的。

（3）续保条件不同，一年期重疾不保证续保

2021 年 1 月 11 日，中国银保监会在《中国银保监会办公厅关于规范短期健康保险业务有关问题的通知》第三条明确规定：

保险公司开发的短期健康保险产品中包含续保责任的，应当在保险条款中明确表述为"不保证续保"条款。不保证续保条款中至少应当包含以下内容：

本产品保险期间为一年（或不超过一年）。保险期间届满，投保人需要重新向保险公司申请投保本产品，并经保险人同意，交纳保险费，获得新的保险合同。

保险公司不得在短期健康保险产品条款、宣传材料中使用"自动续保""承诺续保""终身限额"等易与长期健康保险混淆的词句。

因此，一年期的重疾险是不存在保证续保的。一般客户购买一年期重疾险都是受限于经济原因，又不想缺失一份重疾保障，一年期重疾险的保费相对较低，但是其面临的续保风险也是较大的。有些产品再续保时还需要重新进行健康告知，而第二年续保时，可能因为身体状态的变化，不符合健康告知，从而无法续保；部分一年期产品，由于各种原因停售或下架，也会导致无法续保。

三、理赔流程要点

一年期重疾险，保障时间短，是否对申请理赔的时间有严格规定

众所周知，重疾险以人的健康为保险标的，一旦被保险人罹患合同规定的重大疾病，就可以获得保险金赔付，但是不管什么险种，理赔时效都不是无限期的。

《保险法》第二十六条规定了理赔时效：

人寿保险以外的其他保险的被保险人或者受益人，向保险人请求赔偿或者给付保险金的诉讼时效期间为两年，自其知道或者应当知道保险事故发生之日起计算。

人寿保险的被保险人或者受益人向保险人请求给付保险金的诉讼时效期间为五年，自其知道或者应当知道保险事故发生之日起计算。

保险理赔一定要在理赔时效内提出，若过了保险理赔时效，被保险人或受益人没有向保险公司提出索赔申请，也不提供必要的单证和没有领取保险金，将被视为放弃权利。重疾险属于寿险的范畴，一般理赔有效期为5年，超过5年才报案理赔的，保险公司有权拒绝赔付。但大多数保险公司在合同内规定，重疾出险后，应在保险事故发生后的10天内进行报案。故一旦确诊为重疾，即可立即向保险公司报案备案，以方便保险公司对保险事故尽快核责。

四、案例启示

1. 女性罹患重疾的概率逐渐上升，柔肩担道义，保障需更全

随着女性力量的崛起，现代女性在社会中会扮演多种角色，是孩子的母亲，是父母的女儿，是丈夫的妻子，最后才是自己，身兼数职的同时，女性健康问题也在日益凸显。

据中国精算师协会发布的《国民防范重大疾病健康教育读

本》，从保险行业的经验数据来看，在60岁之前累计罹患至少一种重大疾病的概率，男性约为16%，女性约为14%；在80岁之前累计至少罹患一种重大疾病的概率会迅速增加，男性达到58%，女性达到45%（见图4-5），其中女性高发的前三种重疾分别是甲状腺癌、乳腺癌、子宫恶性肿瘤。

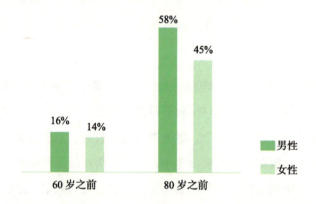

图4-5　不同年龄、性别累计罹患至少一种重大疾病的概率

据世界卫生组织国际癌症研究机构（IARC）发布的全球最新癌症数据，乳腺癌每年新增患病人数已经超过肺癌，成为全球第一大癌（见图4-6）。调查显示，37%的女性表示她们通过自我检查率先发现了乳腺癌的征兆，乳房肿块是乳腺癌早期最常见的症状。从发病年龄看，我国乳腺癌发病率从20岁以后逐渐上升，45～50岁达到高值，出险日渐年轻化，乳腺癌已然成为女性健康的一大杀手，故女性健康需得到越来越多的关注以及更多、更全的保障，在配置普通医疗险的同时，一份保障全面的重疾险同样是支撑女性的有力后盾。

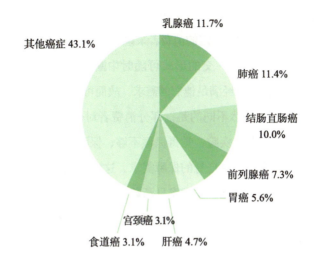

图 4-6　2020 年癌症新发病例数最多的癌症类型占比

资料来源：世界卫生组织国际癌症研究机构（IARC）。

作为一名女性，时刻关注和爱惜自己的身体十分有必要，如上述案例中的雷女士，她所患的乳腺浸润性导管癌，是一种极容易发生转移的癌症种类，如果雷女士在最初发现乳房硬块时有足够的警惕，尽早治疗，显然可以大大降低她身体所受到的伤害。给自己准备一份保障全面的重疾险固然重要，但再全面的保障，也需要以自己的用心为基础，爱惜自己，才是爱这个世界最好的方式。

2. 什么样的人适合购买一年期重疾险呢

通过前面一年期重疾险与长期重疾险的差异，可以看出一年期重疾险最大的优势就是价格低，比起一下子保障二三十年的重疾险来说，一年期的重疾保费只是个零头，对于自身经济能力有限，又想获得重疾保障的人来说，是较好的选择。对于没有长远规划或者因对重疾险不了解而犹豫不定的消费者来说，一年期重疾险对保障内容要求不高，一年一保一交的形式可随时中断，也不必担心退保的损失，短期的保障已经满足他们的需求，故而可以选择短期重疾险。

与上面的人截然不同的是，部分消费者对保障的要求比较高，哪怕是购买了长期重疾险，觉得保额不够、保障不全的，还会附加一年期的重疾险以提供自身的保障需求，这也是相对比较划算的选择。在重疾日益年轻化、发病率日渐趋高的今天，一份重疾险虽不能完全消除后顾之忧，却也能在病魔敲门时，缓解经济方面的燃眉之急。

第七节　重疾险理赔实录四：关爱父母，从一份特定重疾险开始

一、案例重现

邹女士于 2020 年 5 月中旬为她的父亲购买了一份保障期为 1 年的防癌险，保费 638 元，保障责任为被保险人特定部位的恶性肿瘤（一项或多项本合同所指的特定疾病的恶性肿瘤，特定部位包括：食管、胃、结肠、直肠、支气管和肺、乳房、前列腺）。特定部位的恶性肿瘤须经病理学检查结果明确诊断，且临床诊断属于世界卫生组织《疾病和有关健康问题的国际统计分类》（ICD-10）的恶性肿瘤 C15、C16、C18、C19、C20、C34、C50 及 C61 范畴，按合同约定定额给付 10 万元保险金，等待期为 90

天，参保年龄范围为 51 ~ 65 周岁。

由于父亲经常反映自己胃部不适，2021 年 1 月底，邹女士带着父亲在当地医院进行了胃镜检查、病理检验，医生诊断系胃癌。随后，邹女士父亲入院治疗，拟手术治疗，在进行术前检查中（CT、彩超及 PET-CT 等），医生发现邹女士父亲的肝脏上也生长了癌细胞，肝部位也有癌，确诊胃癌与肝癌。

同时确诊胃癌和肝癌，不仅让邹女士的父亲备受病痛折磨，也让邹女士对治疗费用犯了愁。好在，邹女士想起自己在 2020 年为父亲购买的防癌保险，于是，2021 年 2 月 25 日，邹女士准备好了相应的理赔资料，前往保险公司进行理赔申请。

经保险公司出险调查，认定邹女士的父亲符合该保险责任。2021 年 3 月 30 日，邹女士及父亲拿到了保险公司的 10 万元特定疾病保险金，解了治疗的燃眉之急。

二、案例答疑

1. 保险公司为何要调查

在几乎所有的理赔事件中，保险公司都需要对客户提出的赔付申请进行调查，等到调查结束后才能出具正式的理赔决定，并告知客户。在这个过程中，大部分首次理赔的客户都会产生疑问，明明是自己花钱买的保险保障，为什么到了理赔的时候还要经过调查流程呢？

由于保险合同是最大诚信合同，它要求合同当事人双方都必须履行如实告知的义务，重疾险一般涉及的金额较大，这是为了防止客户投保时未如实告知，出现逆选择。在健康险中，所谓逆选择体现为客户带病投保，事后申请理赔，损害了保险人的利益，故而许多重疾险在理赔中都会进行一轮被保险人既往健康情况的排查，以确保本次保险事故是属于保险合同的责任，也是为了维护保险理赔的公平与公正。

2. 治疗未结束的情况下能否事先获得理赔

与普通的重疾险一样，本案例中的防癌险属于给付型，相当于特定一年期重疾险，一旦确诊为保险合同约定的特定部位的恶性肿瘤，报案后提供对应的理赔材料，保险公司审核无误后即可获得理赔，不是一定要等到治疗结束后才可申请。

3. 在确诊胃癌后，又确诊了肝癌，赔付的金额会有变化吗

在本案例中，被保险人前后分别确诊了胃癌与肝癌，胃癌是属于本保险合同约定的特定疾病，但是肝癌，并不是合同约定的特定部位的癌症，并不在保障范围内。若客户只确诊了肝癌，未确诊胃癌，则不属于保险责任，即无法获得本次理赔；若同时确诊了胃癌以及另一个保单约定特定部位的癌症，按照合同约定，"初次发生并经专科医生明确诊断患一项或多项本合同约定的特定疾病的，本公司按保险单载明的保险金额给付保险金"，即可获得特定疾病保险保额 10 万元。简单来说，就是不管确诊了几项保单约定的特定部位的癌症，都只能获得一份保险金，不能叠加赔付。

三、理赔流程要点

1. 若是同时购买防癌险与防癌医疗险，是否能二次理赔

防癌险是针对癌症提供保障的一种重疾险，只是相对普通的重疾来说，保障的范围没有那么广，保费相对较低，并且也是一年期的重疾险，一般都是作为重疾险的补充存在的。所以，它的理赔方式是确诊符合保险责任，即可获得对应的保险金，无须等待治疗结束。

防癌医疗险虽然也是针对癌症提供的保障，但是更侧重于医疗费用的报销，需要等被保险人在保险期间因患有癌症去医院治疗了之后，对其治疗过程中花费的医疗费用按规则进行报销。

因此，二者虽然名称差别不大，但是其背后对应的保险责任却大相径庭，所以同时投保二者后，只要符合合同的保险责任，均可以进行理赔，是可以叠加赔付的。

2. 客户 2 月 25 日已邮寄资料申请，保险公司 3 月 30 日才结案，是否已经超过时效

在本案例中，从客户邮寄材料到保险公司审核结案，一共费时 34 天，已超过《保险法》规定的最长时效 30 天。保险人就履行赔偿或给付保险金的义务的过程也是理赔的过程，保险人不得无故拖延理赔时效。若有特殊情况，应该及时向申请人说明案件详情。如遇到保险公司无故拖延理赔的情况，申请人可以看看合同约定，按照合同的规定来行使权利，双方进行协商。严重的情况下，可以向该地区的保险协会或银保监会进行反馈，也可申请

仲裁。必要的时候可以向有管辖权的人民法院起诉,利用法律的武器来维护自身的合法权益。

四、案例启示

1. 若无法陪伴父母左右,请为他们的健康做好周全的规划

生老病死,是人一生无法回避的四件大事,也是最重要的几件事。随着年龄的增长,老、病是不可避免的发展趋势,也是现代年轻人和父母辈之间最难以启齿的话题。生活在压力较大的当代社会,年轻一代能够花在父母身上的时间十分有限,更有大部分人,一年只能回一趟家,其他时间都独自在异乡拼搏。

父母的身体健康状况究竟如何,是年轻人视野中的盲区,再加上老一辈的人总是"报喜不报忧",更让彼此之间隔了一道深深的沟壑。在这样的情况下,我们唯一能做的,也许只有为父母构筑现实环境中的保护网——防癌险,这是一种针对年纪较大、身体状况不适合购买普通重疾险的中老年人的保险。

虽说防癌险是在其他重疾险无法购买时,退而求其次的保障,但在为父母选择防癌险时,也要有所侧重。首先,通常来说,年纪越大,患癌的概率也越高,50~60岁这一区间的癌症发病人数最多,所以投保时最好选择覆盖这个年龄段的产品。其次,由于防癌险的赔付率比较高,通常都是以一年期的保障形式存在,存在中途断保的风险。因此,一定要选择资历、赔付情况较好的公司投保。当然,并不是保险的等待期越短越好,总体来说,尽量选择保障全面、价格合适的产品,尽可能全面保护我们

爱的人，才是我们最终的目标。

2.理赔之路漫漫，需要法律法规知识傍身

许多客户在出险后，面临最大的问题就是理赔问题，理赔这一块的争议一直都是保险业存在的问题，也是大众对保险业缺失信任的主要原因。不管在投保时，还是在理赔时，双方信息始终是不对称的，必然会引发一些争议纠纷。

这个时候，法律才是最可靠的武器，在理赔受阻时，由于大众对于保险诉讼并没有过硬的知识储备，因此在遇到此类型问题时，可以向相关从业人员、身边的专业人士了解一些保险方面的法律法规，先跟保险公司进行协商处理，若是无法协商，必要的时候，可以通过协商、仲裁、诉讼三种方式来维护自身的合法权益。

第五章 寿险

意外险和寿险都有身故赔付，有必要买两份吗

第一节 身故保额限制：为什么孩子的身故保额会有限制

对一个家庭来说，任何一个家庭成员的离世所带来的痛苦，都是十分惨痛的，如果离开的人是这个家庭的顶梁柱，那么情感伤害之余，还会给整个家庭带来极大的经济损失。寿险，就是为了尽可能地降低亲人离世带来的经济风险，帮助家庭渡过难关而存在的。

一般来说，寿险的配置中保险杠杆的比例很高，几百元的保费就能撬动几十万甚至上百万元的保额，因此，很多保险公司在

设计这样的产品时会附加较多的规则，以规避同一顾客投保过高的寿险保额，比如，投保人需要提供资产证明、健康体检证明，用以保险公司综合考虑其家庭的经济情况。

其实，这也是为了保护投保人的经济利益，选择最合适自己家庭经济水平的保额更有利于家庭经济的稳固发展。同样地，在给未成年人配置寿险的时候，为了防范道德风险，保险公司也会设置最高的风险保额。

一、了解寿险及其身故保额限制

1. 寿险的保障责任和意义

（1）寿险的概念

寿险是众多保险中最重要的险种之一，以被保险人的人身生死为保险标的，也经常被理解为生命保险。传统型的寿险是以被保险人的死亡为给付条件的保险，部分寿险保障范围扩展至全残；它的本质是一份家庭责任险，最能体现投保人和被保险人之间的爱与责任。

（2）寿险保障范围

寿险所保障的范围包括因意外伤害或疾病而导致的身故以及合同条款里面约定的全残。身故顾名思义就是人离世了，保险公司会按照约定的赔付金额给付对应的理赔保险金。而所谓全残，就包括有：双目永久完全失明；四肢关节机能永久完全丧失；咀嚼吞咽机能永久完全丧失；两上肢腕关节以上或两下肢踝关节以上缺失；中枢神经系统机能或胸、腹部脏器机能极度障碍，终身无法从事任何工作，为维持生命而必要的日常活动均需他人帮助等。

寿险里面全残的内容非常值得探究，这也是理赔的时候很多人重点关注的部分。在实际的案例中，经常有人因为对于全残的概念理解出现偏差而导致不必要的理赔纠纷，比如简单地以为丧失劳动力就是全残，而实际的全残则以合同明确约定的责任范围为主，以下为某款热销型寿险关于全残的定义：

1）双目永久完全失明；

2）两上肢腕关节以上或两下肢踝关节以上缺失的；

3）一上肢腕关节以上及一下肢踝关节以上缺失的；

4）一目永久完全失明及一上肢腕关节以上缺失的；

5）一目永久完全失明及一下肢踝关节以上缺失的；

6）四肢关节机能永久完全丧失的（指关节永久完全僵硬或麻痹或关节不能随意识活动）；

7）咀嚼吞咽机能永久完全丧失的（指由于牙齿以外的原因引起器质障碍或机能障碍，以致不能做咀嚼、吞咽运动，除流质食物外不能摄取或吞咽的状态）；

8）中枢神经系统机能或胸、腹部脏器机能极度障碍，终身不能从事任何工作，为维持生命必要的日常活动，全需他人扶助的。(为维持生命必要之日常生活活动，全需他人扶助系指食物摄取、大小便始末、穿脱衣服、起居、步行、入浴等，皆不能自己为之，需要他人帮助。)

（3）寿险的意义

一个家庭中一旦有成员寿险出险，就意味着整个家庭必然会遭受一次重创，因为无论是身故还是全残，都意味着该名家庭成员已经完全失去了劳动能力，无法给家庭继续带来任何劳动收入，甚至还需要其他家庭成员放下原本的工作来照顾，才能维持正常的生活。

在这种情况下，寿险的理赔金额就显得额外重要了，因为它能帮助家庭度过最初的困难时期，也可以在后期继续改善家庭的经济状况。

如果家庭有高额的负债，寿险理赔金可以减轻车贷、房贷或者其他外借负债等的压力，家庭经济支柱寿险出险的保额赔付可以保证补充短期内子女的教育金、父母的养老金以及家庭短期3～5年内的生活消费支出，减缓家庭的经济压力。定期保障型的寿险可以作为家庭劳动力的替代配置保额，终身的寿险则具有储蓄功能，可以作为资产来传承和管理。

2. 不同风险需求下如何匹配身故保额？要给孩子买寿险吗

（1）作为经济支柱的成年人的寿险配置

保障型寿险的被保险人一般优先考虑家庭经济支柱。作为一个家庭主要的经济来源，他们承担了家庭重大的经济责任，如果经济支柱不幸出险，人离世了或者不幸全残，以后无法带来劳动收入，那么这种情况对整个家庭造成的是毁灭性的打击，其他家庭成员肯定会不堪重负。寿险保额的选择，其实考量的就是当不幸发生时，能够给家里留多少钱。

因此，在选择保额时要覆盖家庭 5~10 年的总开支，主要包括孩子的学费、房贷和车贷、赡养父母的费用等，经济支柱一般优先考虑定期寿险的配置，保额覆盖足够的风险缺口，保障期间覆盖人生最重要的黄金年龄段，结合家庭的实际收入情况做对应的规划。

（2）未成年人是否要买寿险

未成年人一般是被家庭守护的人，没有收入，不用承担家庭经济责任，也没有负债压力，一般情况下不会专门给未成年人配置过高额度的寿险规划，基础的意外险保障或者 20 万元左右的身故保额保障就足够了。很多时候未成年人的寿险都是长大之后才做合适的配置。

（3）寿险有哪些限制条件

定期寿险因为高杠杆比例和高性价比，很多客户配置寿险保额至少都是 50 万元起步，对于年收入 10 万元以上的家庭，大人的寿险保额配置至少 100 万元。以市面上热销的一款成人寿险为例，30 周岁的客户投保 100 万元保额的产品，缴费 30 年，保障 30 年，女性客户的保费不到 600 元/年，男性客户的保费略高于 1000 元/年，这样的定期寿险对于消费者来说性价比超高，但是对于保险公司来说却存在很多隐性的风险，所以在实际的保障中并不是客户想买多少的保额就可以保多少，保险公司也会有多维度的条件限制。如果投保的时候不顾保险公司的以下四个方面的限制，导致不符合投保规则或者没有如实告知，则在理赔的时候可能存在问题。

1）健康告知限制。在寿险产品投保中，因为被保险人的健康状况不一样，最终的承保结果也会不一样，但是寿险的健康告知不会很复杂，一般问询的都是比较严重的情况，如果客户涉及这些情况，一定要如实告知，按告知情况，最终会分为正常承保、限额承保以及因为被保险人的健康状况，保险公司不予承保。若投保的时候健康告知不到位，出险理赔的时候有很大的发生纠纷的风险。

2）投保城市限制。保险公司一般会根据自己的划分依据将我们国家的各个城市地区划分为不同等级的城市，比如一类城市、二类城市、三类城市、四类城市等，不同类型的城市保额限制也不一样。在实际投保产品的过程中，有的客户因为地区限制买不到高保额产品，会选择更换投保地域，其实这样的行为也是会有理赔风险的。

3）职业限制。由于被保险人的职业风险系数不一样，各家保险公司也对不同的职业有风险额度限制，按照风险等级划分分别有1～6类，一般1～4类职业不会涉及太高的风险系数，不限制保额；5～6类职业从事的是危险性较高的工作，虽然这些从业者可以投保，但是可以选择的额度有限；部分产品对于家庭主妇、无业人员也会有保额限制。

4）财务风险。当客户选择比较高的保额的时候，保险公司会对客户的财务情况进行审核，包括对其收入流水、负债情况以及资产等信息进行了解和评估。

（4）为什么孩子都有身故保额限制

未成年人的保险一般都是父母为子女投保，如果被保险人不幸身故，涉及出险，父母就可以拿到理赔金额。在少儿保险中，少儿意外、少儿重疾以及教育金保险等一般都提供身故保障。不同的产品对身故责任的保障约定是不一样的，比如意外险一般是按保额赔付，重疾险一般会约定被投保人在18周岁之前身故的赔付所交保费，年金类保险产品以现金价值为主。

未成年人寿险限额主要是为了防范投保人的道德风险，避免为了骗取保险金，出现六亲不认、伤害未成年人的现象发生，因为在实际生活中，这样的情况确实会出现。

《保险法》第三十三条规定：

投保人不得为无民事行为能力人投保以死亡为给付保险金条件的人身保险，保险人也不得承保。

父母为其未成年子女投保的人身保险，不受前款规定限制。但是，因被保险人死亡给付的保险金总和不得超过国务院保险监督管理机构规定的限额。

原中国保监会曾要求，对于各保险合同约定的以未成年人身故为给付条件的保险金额不能超过规定限额。2016年1月1日起，《中国保监会关于父母为其未成年子女投保以死亡为给付保险金条件人身保险有关问题的通知》明确了未成年人保额的限定条件。保险金额从最开始1999年5万元的限额到10周岁以内20万元，10～18周岁50万元的限额。为了防范超限额承保，因未成年人身故给付的保险金额总和已经达到限额的，保险公司将不得超过限额继续承保；尚未达到限额的，保险公司可以就差额部分进行承保，并应在保险合同中载明差额部分的计算过程。

不过，保险公司对未成年人给予 50 万元保险金额限制也并非"一刀切"。以下三种情况可以不计算在限额内。

1）投保人已交保险费用或被保者身故时合同的现金价值。对于投资连结保险合同、万能保险合同，该项为投保人已交保险费用或被保者身故时保险合同的账户价值。

2）保险合同约定的航空意外身故保险金额。此处航空意外身故保险金额是指航空意外伤害保险合同约定的身故保额，或其他人身保险合同约定的航空意外身故责任对应的身故保额。

3）保险合同约定的重大自然灾害意外身故保险金额。此处重大自然灾害意外身故保额是指重大自然灾害意外伤害保险合同约定的保额，或其他人身保险合同约定的重大自然灾害意外身故责任对应的身故保额。

二、身故保障为了谁——受益人

1. 人身保险中的保险利益关系

保险利益是指投保人或者被保险人对保险标的具有的法律上承认的利益，寿险直观来说是以人的生命为保险标的的，只有当投保人对被保险人的寿命或身体有某种利害关系时，他与被保险人才有保险利益，如果投保人和被保险人没有保险利益关系，保单的法律效力不存在，自然地在涉及出险的时候保险公司可能不予理赔。

对此我国《保险法》第十二条第一、二款规定：

人身保险的投保人在保险合同订立时，对被保险人应当具有保险利益。财产保险的被保险人在保险事故发生时，对保险标的应当具有保险利益。

(1) 寿险中保险利益的确立

《保险法》第三十一条是关于人身保险利益的规定：

投保人对下列人员具有保险利益：
(一) 本人；
(二) 配偶、子女、父母；
(三) 前项以外与投保人有抚养、赡养或者扶养关系的家庭其他成员、近亲属；
(四) 与投保人有劳动关系的劳动者。
除前款规定外，被保险人同意投保人为其订立合同的，视为投保人对被保险人具有保险利益。
订立合同时，投保人对被保险人不具有保险利益的，合同无效。

为了保证被保险人的人身安全，《保险法》还严格限定了寿险的利益，《保险法》第三十四条第一款规定：

以死亡为给付保险金条件的合同，未经被保险人同意并认可保险金额的，合同无效。

(2) 保险利益的体现

保险利益的规定是《保险法》中非常重要的制度。在实践中，寿险一般都是由本人来投保，如果是家人投保，则需要被保险人本人同意。

1）为自己投保。投保人与被保险人为同一人的时候，投保人对自己的生命具有保险意义，自己的健康与安全问题与投保的保险利益密切相关。

2）为他人投保。投保人为他人投保寿险，首先必须经被保险人同意（未成年人除外），保单利益会有两方面的体现：一是亲密的血缘关系，比如父母与子女、亲兄弟姐妹、祖父母与孙子女之间，但是比较远的亲戚之间是不存在直接的保险利益关系的；二是法律上的利害关系，比如婚姻关系中的夫妻双方，虽然不具有血缘关系，但是具有法定的利益关系，比如一起养育子女、赡养父母等。

（3）保险利益时效

寿险的保险利益强调的是合同成立时投保人与被保险人的保险利益存在，保险事故发生时投保人对被保险人失去保险利益也不会影响保单的效力。保险金的受益人是经由被保险人指定的，涉及理赔时，无论投保人是否存在，是否具有保险利益，保险公司都是正常按照合同约定给付受益人对应的保险金。

2. 受益人的指定

受益人是人身保险合同中的重要主体之一，由被保险人或者投保人指定。受益人指的是涉及保险事故出险时，保险金的领款人。简单一点来说，如果被保险人在保险期间身故或者全残了，那么保险公司会给付一笔保险金，而这个保险金就是由受益人领取的。对于寿险而言，一般全残的受益人为被保险人自己；身故受益人，按照投保的约定会有指定和法定两种情况，寿险受益人的确定是直接关系到万一被保险人身故，理赔金如何分配的核心和关键。

目前，身故受益人可以进行指定，但不能随便指定，在指定时需要注意以下两个因素：首先要确保身故受益人不会危及被保险人的人身安全，身故受益人不会为了获得保险金，故意危害被保险人；其次要考虑指定的身故受益人是否会因为被保险人的死亡丧失、减少经济来源，造成生活困难。如果身故受益人没有进行指定，那么身故保险金将作为被保险人的遗产由法定继承人继承。

（1）指定受益人

指定受益人是指保险合同受益人是由投保人或者被保险人指定，受益人领取保险金的权利是受到法律保护的，保险金不能当作已故保险人的遗产进行分配，而仅由保单指定受益人获得，也不得用于清偿被保险人生前的债务。指定受益人可以指定一位也可以指定多位。

（2）法定受益人

保险法定受益人是指由法定继承人作为受益人，包括配偶、子女（包括婚生子女、非婚生子女、养子女、有抚养关系的继子女）、父母（包括生父母、养父母和有抚养关系的继父母）、兄弟姐妹、祖父母、外祖父母。

寿险法定受益人领取保险金也是有顺序的，第一顺位为配偶、父母、子女，第二顺位为兄弟姐妹、祖父母、外祖父母。如果没有第一顺位的配偶、父母、子女，那么所有的保险金由第二顺位的法定受益人进行平分。

法定受益人在后期办理理赔时比较烦琐，也容易产生纠纷，所以一般投保寿险都建议指定一人单独受益或者多人按份额共同受益。

（3）受益人能随意更改吗

经过被保险人同意是可以联系保险公司更改受益人的，有两种情况，一是在投保时默认为法定受益人的，后期可以联系保险公司申请指定保险受益人；二是投保的时候指定了受益人的，后期可以更改指定对象和受益份额占比。

《保险法》第三十九条中规定："投保人指定受益人时须经被保险人同意。"受益人中途可以变更，但是必须经过被保险人同意。

但是有特殊情况需要注意：一是保险合同约定不允许变更的，如约定生存受益人，只能是被保者自己的，不可以变更；二是变更后的受益人和被保险人不是本人、配偶、父母、子女关系的，申请变更的权利归属于被保险人，否则无效；三是主险和附加险的受益人要相同，单独变更的无效。

（4）身故保险受益人是否指定差别如此之大

指定受益人是投保的时候已经明确约定好受益人及受益比例，不指定的情况则自动默认为法定，一般为了避免不必要的理赔纠纷，寿险的保单都会优先考虑指定受益人。例如，老王投保一份保额为60万元的寿险，指定受益人为女儿，老王还有妻子和一个儿子，后期老王意外身故，保险公司在核实情况后支付60万元的理赔金给女儿。如果老王投保时没有指定受益人，后期妻子、女儿和儿子是各自获得 20 万元的受益金额。同样老王也可以在投保的时候直接指定 3 人为第一顺位受益人，各自占保险金 1/3 的比例。

保险指定受益人最大的好处就是可以把保险金留给最想给的人，避免成为遗产或用来偿还债务，指定受益人的灵活性很大，可以指定一人或者多人，顺序也可以按照被保险人本人的意愿排序，每个人享有的受益比例是多少也可以约定。另外，指定受益人和法定受益人的理赔金的财产法律属性不一样，指定受益人的情况下，保险金属于受益人的私有资产；法定受益人的情况就是将保险金按照遗产继承的方式来处理，这种情况下会不可避免地发生一些纠纷。

（5）离婚后保险受益人需要更改吗

夫妻离婚后应当将原配偶的受益人资格取消或者可以申请变更为其他亲属，否则离婚后原配偶仍有权享有保单受益金额；若受益人是父母或者子女，则双方可协调沟通决定。

3. 注意事项：寿险保单受益人的"陷阱"

（1）受益人名称以及份额要写清楚

若保单指定了受益人，则受益人的信息以及受益比例要写清楚，比如给配偶 50%、给父母 30%、给儿子 20%。受益人的姓名、身份证号码要记得填写正确，不能因为麻烦不写清楚或者写错。

（2）受益人死亡，没有新的受益人该怎么办

指定受益人的情况下，如果第一顺位受益人先于被保险人身故或者自动放弃享有保险金，第二顺位受益人可以获得保险金。

在寿险保单投保时没有明确指定受益人的情况下，被保险人的法定受益人被视为保单受益人，保险金应视为死者的遗产，按遗产的继承顺序分配。

第二节　责任免除：自杀可以理赔吗

在我们常说的四大险种中，寿险的理赔是其中相对简单的一种，因为寿险的保障责任简单——身故或全残容易判断，而且相较于意外险、医疗险和重大疾病保险，寿险的免责条款最少。那么，在寿险的理赔过程中，有哪些点是我们需要注意或者容易引起争议的呢？

一、自杀，保险到底能不能赔

自杀，保险赔不赔？这一直都是一个比较有争议的话题，这需要结合具体的情况来分析，因为自杀的理赔限制非常多。

1.《保险法》对于自杀的定义

1）在《保险法》第四十四条第一款规定：

> 以被保险人死亡为给付保险金条件的合同，自合同成立或者合同效力恢复之日起二年内，被保险人自杀的，保险人不承担给付保险金的责任，但被保险人自杀时为无民事行为能力人的除外。

2）在《最高人民法院关于适用〈中华人民共和国保险法〉若干问题的解释（三）》中，第二十一条还额外补充说明了两点：

一是保险人以被保险人自杀为由拒绝给付保险金的，由保险人承担举证责任；二是受益人或者被保险人的继承人以被保险人自杀时无民事行为能力为由抗辩的，由其承担举证责任。

3）《保险法》认定的自杀由 4 个要素构成：被保险人主观上存在结束自己生命的故意；被保险人客观上实施了足以造成自己死亡的行为；被保险人已经死亡；被保险人的自杀行为与死亡结果之间存在因果关系。

2. 无民事行为能力不受 2 年限制，抑郁症自杀保险赔不赔

1）10 周岁以下儿童、精神失常或者心智有问题以致不能辨认自己行为的成年人等无民事行为能力人不受 2 年内自杀的限制，比如 4 岁的孩子模仿超人从高空跳下。其中"自杀"仅指"蓄意自杀"，被保险人因患精神病自杀不属于条款除外范畴。

安徽阜阳人孙某，在 2014 年曾给自己购买两份保险，一份定期寿险，一份长期意外险。2015 年，孙某因精神分裂症自缢而亡。因为孙某的身故属于自杀，因此孙家人在向保险公司申请理赔时，得到了否定的答复。孙家人因此向法院提出上诉，法院认为《保险法》意义上的"自杀"必须具有主观上的故意，即企图剥夺自己生命的行为。

本案中，被保险人孙某的自杀系一种病态，并非出于自己的主观故意，不属于蓄意自杀范畴，其名下的定期寿险应当赔偿；精神病导致的死亡属于疾病因素，意外险无须赔付。

常见的服毒、跳楼等自杀行为是比较容易认定的，而对于

被保险人因患精神病而溺水身亡的情况，是否属于"自杀"则存在争议。江西省高级人民法院曾就此问题向最高人民法院进行请示。最高人民法院意见认为：因患精神病，在不能控制自己行为的情况下溺水身亡的，不属于主动剥夺自己生命的行为，保险公司仍应按约定承担保险责任。

2）被保险人是不是自杀，应由公安机关进行侦查并做出相应结论才能确定。在无有权机关认定被保险人自杀的情况下，法院可以综合全案证据认定被保险人是否构成自杀。

3. 不同险种对自杀理赔情况的限制

（1）意外医疗险对于自杀是否理赔

意外险是指被保险人在保险期间内因遭受外来的、非本意的、突发的、非疾病的意外事故，身体蒙受伤害而残疾或死亡时，保险公司按合同约定给付保险金的一种人身保险。由于自杀已经违背了非本意的，因此无论是否在 2 年这个期限内都是不赔的。

同样，医疗险的免责条款里面也有明确的说明，即自杀未遂引起的相关医疗费用保险公司不赔付。

（2）重疾险对于自杀是否理赔

纯粹不带身故责任的重疾险是不赔付的，原因很简单。根据重疾险的定义可以知道，它只保障保单中覆盖的重大疾病，达到理赔要求后可以赔付。但自杀不属于任何一种重大疾病，因此同样在不在 2 年这个期限内都是不赔的，保险公司退还保单的现金价值。

（3）寿险对于自杀是否理赔

根据《保险法》第四十四条（参见第二章第三节），如果被保险人无民事行为能力（如10周岁以下儿童、精神失常或者心智有问题等），出现自杀情况，不受2年期限约束，保险公司是会赔的；但如果换作具备民事行为能力的人，购买保险的2年内自杀，保险公司是无须赔付的，一般保险公司都会选择退还保单现金价值。

二、不可抗辩条款

1. 什么是不可抗辩条款

1）所谓"不可抗辩条款"，是指保险人不得以被保险人在保单上的错误告知或隐瞒事实为理由，主张合同无效或拒绝赔偿。

2）该条款是指在人身保险合同中的约定，即在被保险人生存期间，从人身保险合同生效之日起满一定时期（一般为2年）后，保险合同成为不可争议的文件，保险人不得以投保人在订立合同时违反诚信原则，未如实履行告知义务为由，主张解除合同。

2. 不可抗辩条款的详细解读

1）"不可抗辩条款"是寿险保单中常见的条款，寿险合同具有长期性，如果没有"不可抗辩条款"，保险公司有可能违背最高诚信原则，请求宣告保险合同无效，对客户有不可弥补的后果，所以制定"不可抗辩条款"的目的是最大限度地保障投保人的权益。

2）2009年"2年不可抗辩条款"正式纳入《保险法》（第

十六条第三款），早期是为了避免保险公司拒赔后客户申诉无门，平复和消除保险消费者对于保险公司的不信任和不满情绪，保护弱势消费群体的利益，但是慢慢地在实际过程中也产生很多消费者根据这一条款故意不尽如实告知义务，事实上，恶意带病投保就算超过2年出险，不能理赔的保险公司照样不赔付，若具备以下几个特点，则一般就算超过2年，保险公司依然有权拒赔：①主观恶意明显；②非合同约定的保险事故，比如责任免除，或者投保时保险公司特殊约定的除外事项；③出险不在保单生效期内，如过了宽限期未缴纳保险费。

3）不能将"不可抗辩条款"作为"理赔神器"来使用。"熬过两年，不赔也得赔"是对这一条款的误读，一方面由于我国保险投保采取宽进严出原则，另一方面是销售人员的误导或过度渲染导致"2年不可抗辩条款"成为消费者面对保险公司的一个"理赔神器"。如实告知是投保人的义务，不肆意解约和拒赔是保险公司的义务。双方都应本着负责的态度来对待处理，作为消费者为了自己的保障，也为了对家人负责，投保的时候一定要如实告知，安心投保，才能在出险时顺利获得理赔。

3. 关于不可抗辩条款的一些注意事项

需要注意的是，以下不可抗辩条款在任何一家保险公司的保险合同里都会载明。

1）保险公司对于任何附加险的病情隐瞒是有理由不做出任何赔偿的。

2）保单生效仅适用于投保2年之后才发生的纠纷。

4. 解决方法

1）为了以后理赔顺利，客户在投保时需要如实告知，尤其是已经被确诊的疾病要如实告知，告知后提供相应的医疗报告、诊断说明书、病历等。

2）不要因为误读这项条款而隐瞒重要的疾病信息，导致后期的赔偿纠纷。

3）不要等到带病才去投保，抱着"熬过两年，不赔也得赔"的心理，虽说不可抗辩条款主要是维护投保人的利益的，但是保险公司的合法利益也是受到法律保护的。

三、寿险还有哪些常见的责任免除

1）投保人对被保险人的故意杀害、故意伤害。这一条免责条款来自《保险法》的第二十七条和第四十三条，主要是为了防范道德风险，保护被保险人，不然在投保人和被保险人不是同一人的情况下，可能会有道德犯罪的情况。

2）被保险人故意犯罪或抗拒依法采取的刑事强制措施。这一条来自《保险法》的第四十五条，旨在不鼓励违法的行为，保险只为合法行为提供经济保障。

3）被保险人主动吸食或注射毒品。主动吸食毒品对于被保险人的身体会造成损害，且是被保险人的故意行为，从更深层次来说，主动吸食或注射毒品也属于违法行为，与社会公共利益相违背（《中华人民共和国治安管理处罚法》第七十二条），所以部分保险公司也会将主动吸食或注射毒品列入免责条款。

4)被保险人酒后驾驶、无合法有效驾驶证驾驶或驾驶无有效行驶证的机动车。保险合同里面约定的酒驾与交通管理部门认定的酒驾意义相同,包括无照驾驶等合同里面都会有明确的释义。

5)战争、军事冲突、暴乱或武装叛乱以及核爆炸、核辐射或核污染。这类事故破坏性大,损失也是不可估量的,所以一般也是责任免除。

四、寿险涉及的理赔相关的注意事项

1. 寿险投保时的注意事项

1)投保时投保人和被保险人的保险利益关系不成立可能导致理赔纠纷。现实生活中经常会存在投保人投保时对被保险人没有保险利益的情况,比如已经办理离婚手续的夫妻一方为另外一方投保寿险,或者还有未领证的男女朋友一方为另外一方投保寿险,若真的在理赔时发现投保人对被保险人没有保险利益,则按照保险利益原则,保单可能被判定为无效,所以如果有这种情况应当尽早联系保险公司变更保单,让投保人与被保险人有保险利益。

2)了解产品责任,看清合同条款。常规的普通寿险只保障基础责任身故和全残,慢慢市场上纯消费型的寿险保障也开始有比较多的附加责任,比如交通事故的额外赔付、猝死的保障、投保人豁免等附加条款,了解清楚产品责任和免责条款能减少麻烦和理赔纠纷。

3)健康告知、投保须知了解或告知不到位,投保不符合条件的，后期可能会导致理赔纠纷。

4）寿险产品投保以及受益人的变更应该及时通知保单利益相关人。

5）宽限期与保单复效。分期缴费的寿险对于投保人不能及时缴纳第二期以后的各期保险费有宽限期的规定，一般情况下宽限期为两个月。在投保人没有缴费的宽限期内，合同仍然有效，出险仍可获得理赔，但要从保险金中扣除保险费。若宽限期结束投保人仍未缴费，也没有其他约定，则保险单自宽限期结束的第二天开始失效，在这期间涉及出险的，保险公司不承担责任。但保险单中止后可以在一定的期限内申请复效，复效后保单恢复法律效力，被保险人继续享有保障。

2. 寿险理赔时的流程及注意事项

（1）出险通知

被保险人出险时，投保人、受益人或者其他利益相关者应当尽早联系保险公司报案，应当将出险的时间、地点、原因、经过、结果以及保险公司需要了解的相关信息以最快的方式通知保险公司。申请理赔的过程中及时报案是非常重要的，这样保险公司才能立即对事故案件进行调查。寿险保单对于被保险人或者受益人对保险人请求给付保险金的权利，自保险事故发生之日起5年内不行使而消灭。

（2）理赔资料的准备

一般情况下，寿险的保单合同里面会明确列明涉及出险时所需要的理赔资料，同样报案后保险公司会指引理赔申请人准备相关的理赔材料，一般需要准备的资料包括：保险合同；申请人的有效身份证件；国务院卫生行政部门指定的医疗机构的证明；公安部门或其他有权机构出具的被保险人死亡证明书；如被保险人为宣告死亡，须提供法院出具的宣告死亡判决书、被保险人户籍注销证明；如被保险人发生自驾汽车意外伤害事故，须提供公安机关交通管理部门出具的《道路交通事故责任认定书》、所能够提供的与确认保险事故的性质和原因等有关的其他证明和资料；保险金作为被保险人遗产时，必须提供可证明合法继承权的相关权利文件；若委托他人代办，还需要理赔授权书。

此外，现在很多用户前往国外旅游、工作、学习，如果符合条件的国内寿险涉及在国外出险时，除了上述报告，还需要额外提供国外司法机构出具的证明资料以及大使馆的证明资料，外文资料需要翻译成中文。

（3）保险金的给付

保险公司收到保险金给付申请书及上述有关证明和资料后，将在 5 日内做出核定；情形复杂的，在 30 日内做出核定。对属于保险责任的，保险公司在与受益人达成给付保险金的协议后 10 日内，履行给付保险金义务。对不属于保险责任的，保险公司自做出核定之日起 3 日内向受益人发出拒绝给付保险金通知书并说明理由。保险公司在收到保险金给付申请书及有关证明和资料之日起 60 日内，对给付保险金的数额不能确定的，根据已有证明和资料可以确定的数额先予支付；最终确定给付保险金的数额后,保险公司将支付相应的差额。

第三节 寿险理赔实录一:一家之主倒下,定期寿险百万理赔金到账,给家庭带来新的希望

一、案例重现

对于一个家庭而言,男人一般就是这个家庭的顶梁柱。活着的时候,他是这个家庭的经济主要支柱,那么如果有一天,这个顶梁柱倒下……

刘先生是一名货车司机,也是一个非常爱护妻子的好丈夫。2019年4月1日,刘先生为自己购买了一份保额为100万元的定期寿险,缴费年限20年,年缴保费3132元,受益人为配偶郑女士。一年后的2020年6月,刘先生刚刚完成一趟在外地的运输工作,根据当地的新冠肺炎疫情政策,刘先生被安排进入了隔离区。万万没想到的是,在短短几天的隔离期间,刘先生竟突发疾病,抢救无效后身故。

刘先生的离世给郑女士带来了巨大的打击,要知道,刘先生不仅是她最亲密的伴侣,也是他们小家庭的顶梁柱。痛定之后,郑女士方才回想起丈夫于一年前购买的寿险,寿险保险金无疑能给眼前这个支离破碎的家庭一些支撑的力量。于是在2020年6月30日,郑女士完成了理赔资料的收集,向保险公司提交了理赔申请。

案件经保险公司调查核实无误后，保险公司于 2020 年 7 月 15 日结案赔付身故金 100 万元，并于当日到账。

二、案例答疑

1. 定期寿险的指定受益人一般可以是什么人

一般而言，被保险人可指定一人或数人为身故保险金受益人。受益人为数人时，应确定受益顺序及受益份额。为避免涉及道德风险等问题，受益人应指定为被保险人的近亲亲属，最好为直系亲属，直系亲属一般是指父母、子女、配偶。本案的主人公投保时即指定了其配偶作为该保单身故受益人，所以身故理赔金的申请人及领取人均为郑女士。

2. 定期寿险的保额是否有限制

对于一个家庭而言，定期寿险价格便宜、保障实用，那么该险种的保额是不是买得越高越好？定期寿险的保额是否有限制？定期寿险最重要的一个保障责任就是身故保障责任，换句话说，这样的保险买多少保额，就是想给家人留多少钱，现在大多数网销定期寿险产品，最高只能买到 300 万元的保额，这样的保额对于大多数家庭而言已经足够。有些产品如果近一年已购买了超过 300 万元的保额，就不能再买了，在投保时会被要求告知：被保险人近一年在其他保险公司已投保的含有身故保障的保险金额（航空意外及公共交通意外险除外）是否累计超过 300 万元？这样的设置其实主要是出于防范骗保的考虑，购买定期寿险按需选择保额就好。

三、理赔流程要点

一般寿险的身故理赔资料是由保单的身故受益人或法定继承人亲自到保险公司提交的。因为寿险的理赔一般都按照保单的约定保额给付,案件一般需要经过严谨的调查核实,甚至需要身故受益人配合提供被保险人身故的相关线索。为了避免理赔纠纷并以最快速度得到赔付,受益人应及时报案并协助保险公司调查。

1. 被保险人身故出险,何时报案最合适

被保险人因疾病或意外等原因身故出险,受益人身为被保险人的亲人,情绪一般很不稳定,伤心难过在所难免。身故报案最好是能在保险事故发生后 3 日内拨打保险公司客服电话(保单上保险公司电话)报案或通过保险公司的公众号在线报案,但考虑到亲属的感受,身故案件的理赔报案只要不超过保险公司合同约定的保险事故通知时间即可。若超过了保单约定的保险事故通知时间(报案即通知),保险公司对因未告知被保险人身故事宜,无法确定责任的部分可以不承担给付保险金责任。所以为了尽快拿到理赔金,避免不必要的损失,最好能在保险事故发生后 3 日内及时报案。

2. 身故理赔申请,应该收集哪些资料

身故理赔申请需要提供保险合同(纸质或电子合同)、保险金给付申请书、索赔申请人本案及保单的身故受益人身份证复印件、索赔申请人银行卡、索赔申请人与被保险人的亲属关系证明

材料复印件（如图 5-1 所示）。以本案为例，被保险人与身故受益人是配偶关系，两人的夫妻关系可通过结婚证或户口本证明。此外还需要能明确事故性质、死亡原因的相关证明材料（医院或公安局出具的死亡证明、户口注销证明、火化或土葬证明）。

图 5-1　关系证明示例

因死亡事故一般会比较复杂，有时保险公司还需要申请人协助提供其他材料，为能尽快理赔结案，申请人应配合提供相应材料。

如保单未指定身故受益人，被保险人身故，保险金作为被保险人的遗产时，申请人就变成法定继承人，需提供可证明合法继承权的相关权利文件（如法院公证书）等。

3. 身故理赔赔付时间

身故给付责任是指被保险人在保险合同约定的有效期内遭受意外伤害或者因疾病导致身故，保险公司按合同约定的保险金额给付意外或疾病身故保险金，同时保险合同对该被保险人的保险责任终止。在合同有效期内，如被保险人身故，经公司查核属实，其身故符合合同保障责任范围，公司将向身故保险金受益人给付身故保险金，本合同终止。在本案例中，刘先生因突发疾病身故，经过保险公司调查核实，其身故符合保险责任，赔付100万元后，保单即责任终止。

四、案例启示

1. 不要忽视身体发送的小信号，突发疾病也是从小病累积起来的

根据中国精算师协会发布的《国民防范重大疾病健康教育读本》，作为家庭顶梁柱的中年人（40～59岁），男性高发的重大疾病为恶性肿瘤、急性心肌梗死、脑中风后遗症，三者合计占比约78%；女性高发的重大疾病为恶性肿瘤、脑中风后遗症、急性心肌梗死、其中恶性肿瘤占比约80%（见表5-1）。

表5-1 不同年龄段男女的高发重疾

高发病种排名	未成年男性（0～17岁）		未成年女性（0～17岁）	
1	恶性肿瘤	50.3%	恶性肿瘤	55.1%
2	重症手足口病	14.0%	重症手足口病	7.5%
3	良性脑肿瘤	3.8%	良性脑肿瘤	4.4%
高发病种排名	青年男性（18～39岁）		青年女性（18～39岁）	
1	恶性肿瘤	55.5%	恶性肿瘤	87.2%
2	急性心肌梗死	12.3%	终末期肾病	2.5%
3	终末期肾病	7.6%	良性脑肿瘤	2.3%

(续)

高发病种排名	中年男性（40～59岁）		中年女性（40～59岁）	
1	恶性肿瘤	50.1%	恶性肿瘤	81.5%
2	急性心肌梗死	18.2%	脑中风后遗症	4.2%
3	脑中风后遗症	9.6%	急性心肌梗死	2.5%
高发病种排名	老年男性（60岁以上）		老年女性（60岁以上）	
1	恶性肿瘤	81.5%	恶性肿瘤	65.1%
2	脑中风后遗症	4.2%	脑中风后遗症	9.6%
3	急性心肌梗死	2.5%	急性心肌梗死	8.1%

急性心肌梗死是突发疾病的代表。临床医学研究发现，首次发生心肌梗死急性期及发病30天内的病死率，男女分别是16%和28%。首发心肌梗死存活的病人在随后10年内每年有2%的人发生心衰，一旦出现心衰的症状和体征，预后很差，5年的存活率小于50%。⊖

突发疾病身故一般与当事人的生活习惯，如饮食习惯等密切相关，预防该疾病的方法应为避免过度劳累，放松精神，了解心肌梗死的先兆症状，身体有不适感时及时就医。

2. 定期寿险的意义就是给家庭留爱不留债

在购买定期寿险之前我们要知道，定期寿险不是为自己买的，而是为家人买的，它的价值是帮助家庭抵御人生中最残酷的身故风险。本案中46岁的刘先生，正处于上有老下有小的关键人生阶段，还有房贷车贷压力，此时他发生了不幸，定期寿险就

⊖ 资料来源：有来医生网。

是他留给家人的经济支撑，不让家庭陷入困境。

大家在给自己配置定期寿险的时候应根据自身情况进行选择，推荐如图 5-2 所示的 3 个方法。

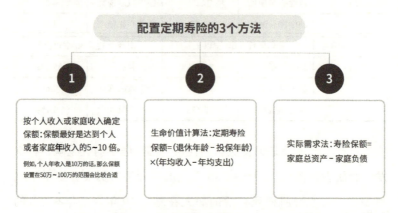

图 5-2　配置定期寿险的 3 个方法

图 5-2 中的三个方法仅供大家做一个参考，每个人的实际情况不同，可以根据自身实际情况进行调整。

第四节　寿险理赔实录二：年轻人加班猝死，定期寿险怎么赔

一、案例重现

加班，是一个当代打工人无法回避的问题。我们许多人都摆脱不了加班，有时候，从"996"㊀到重症加强护理病房（ICU）

㊀ 指早上 9 点上班、晚上 9 点下班，一周工作 6 天。

只有一墙之隔，为自己配置意外险和定期寿险，也是对自己和家人负责的表现。

25 岁的小吴是一名程序员，因为担心自己发生不测会给家人带来负担，秉持着对家人负责的态度，2020 年 12 月，他为自己配置了一份意外险和一份定期寿险。

一年期意外险的保额为 50 万元，保费为 68 元。定期寿险的保额为 50 万元，保障 20 年，年缴保费 321 元，猝死关爱保险金额外赔付基本保额的 50%，指定受益人为他的父母。

2021 年 7 月 27 日，晚上加班到 10 点的小吴，回到家后意外昏倒在地。虽然父母第一时间拨打了 120，但等医生到来时，小吴已失去了生命体征，经抢救无效身亡，最后医生诊断为猝死。

2021 年 8 月中旬，小吴的父母提交了相关材料申请理赔。

2021 年 9 月 5 日，经保险公司调查核实后，确认小吴属于猝死身故，根据保险责任，猝死关爱保险金额外赔付基本保额的 50%，最后小吴的父母共计获赔 75 万元，至此，该理赔案件结束。

二、案例答疑

1. 猝死是意外，还是疾病

意外伤害指以外来的、突发的、非本意的、非疾病的客观事件为直接且主要原因导致的身体伤害。猝死是指看似健康的人因潜在疾病、机能障碍或其他原因在出现症状后 24 小时内发生的非暴力性突然死亡，属于疾病身故。故在保险理赔当中，猝死是疾病，而非意外。

2. 意外险与寿险的区别是什么

（1）保障内容

意外险的保障内容：意外险主要保障意外导致的事故，被保险人因意外身故，保险公司按基本保额给付保险金，除身故意外责任外，还兼具意外残疾责任，按照伤残等级对应的赔付比例乘以基本保额给付保险金，有些意外险产品甚至还具有意外医疗、意外住院津贴、救护车医疗等保障，这类意外保险产品保障是比较全面的。

寿险的保障内容：寿险包括终身寿险和定期寿险，但保障内容主要包括意外或疾病导致的身故或全残，寿险产品一般伤残不予进行理赔，高残和全残才予以赔付，寿险产品的保险责任简单直接，部分寿险产品还有豁免责任。

（2）理赔条件

意外险根据意外定义的要求，一定是不赔付疾病身故的，但万能型的意外险能报销意外医疗和意外住院津贴，一般残疾也能按照伤残等级赔付；而对于寿险来说，只要不是责任免除约定不能赔付的身故，意外及疾病原因导致的身故都能赔付，一般意外伤残不予赔付，高残或全残才予以赔付。

本案中的小吴因猝死身故，如果他仅购买了只有意外责任的意外险，本次出险他就不能得到赔付，但所幸他购买了定期寿险，故保险公司根据寿险合同条款约定赔付疾病身故理赔金 75 万元。

3. 购买了寿险，是不是就不需要购买意外险了

根据本案的案例可知因疾病导致的身故，意外险是不会赔付的，这时候就需要寿险来保障，因为寿险对于身故或全残赔付的范围要宽泛许多，无论是因意外导致的死亡，还是因长期疾病或突发疾病导致的身故，又或者是随年龄增长自然的死亡，都可以通过寿险得到赔付。

寿险和意外险其实各具优势，两者可以相互补充却不能互相替代，不同的保障类型能规避人生当中不同的风险，青中年人作为家庭的经济支柱，寿险保障必不可少；而意外险一般保费极低，省下几杯喝奶茶的钱就能投保，不会有任何的经济负担。

如果投保者同时买了寿险和意外险，因意外导致身故或者全残，两个险种是可以叠加赔偿的，所以也不必担心保障会重复。结合自身需要，合理规划保险方案，针对意外和身故风险提供保险保障才是聪明人的选择。

三、理赔流程要点

1. 被保险人身故出险，何时报案最合适

被保险人因疾病或意外等原因身故出险，受益人身为被保

人的亲人，情绪一般很不稳定，伤心难过在所难免。身故报案最好是能在 3 日内拨打保险公司客服电话（保单上保险公司电话）报案或通过保险公司的公众号在线报案，但考虑到亲属的感受，身故案件的理赔报案只要不超过保险公司合同约定的保险事故通知时间即可。若超过了保单约定的保险事故通知时间（报案即通知），保险公司对因未告知被保险人身故事宜，无法确定责任部分可以不承担给付保险金责任。所以为了尽快拿到理赔金，避免不必要的损失，最好能在 3 日内及时报案。

2. 身故理赔申请，应该收集哪些资料

身故理赔申请需要提供保险合同（纸质或电子合同）、保险金给付申请书、索赔申请人本案即保单的身故受益人身份证复印件、索赔申请人银行卡、索赔申请人与被保险人的亲属关系证明材料复印件。就本案为例，本案的受益人有两人，身故受益人是被保险人的父母，三人的关系可通过户口本证明或国家机关（公安局、派出所、居委会）出具关系证明。此外还需要能明确事故性质、死亡原因相关的证明材料（医院或公安局出具的死亡证明、户口注销证明，火化或土葬证明）。

因死亡事故一般会比较复杂，如保险公司还需要申请人协助提供其他材料，为能尽快理赔结案，申请人应配合提供相应材料。

如保单未指定身故受益人，被保险人身故，保险金作为被保险人遗产时，申请人就变成法定继承人，需提供可证明合法继承权的相关权利文件（如法院公证书）等。

3. 身故理赔赔付时间

身故给付责任是被保险人在保险合同约定的有效期内遭受意外伤害或者因疾病导致身故，保险公司按合同约定的保险金额给付意外或疾病身故保险金，同时保险合同对该被保险人的保险责任终止。在合同有效期内，如被保险人身故，经公司查核属实，其身故符合合同保障责任范围，公司将向身故保险金受益人给付身故保险金，本合同终止。本案例中，小吴因突发疾病身故，经过保险公司调查核实，其身故符合保险责任，赔付 75 万元后，保单即责任终止。

四、案例启示

1. 工作只是生活的一部分，不是生活的全部，劳逸结合很重要

根据世界卫生组织的定义，猝死指的是平时健康或者看起来健康的人，因为自然疾病，在极短的时间内突然死亡。猝死包括心源性猝死和非心源性猝死，前者占到了全部猝死的近 80%。顾名思义，心源性猝死主要指的是心脏骤停所引起的猝死，这种猝死和心血管疾病有着紧密的联系。根据相关的数据统计，心血管疾病是我国国民健康的第一大杀手，2019 年我国因各种疾病死亡的约有 1065 万人，其中因为心血管疾病死亡的约为 458 万人，占到了总死亡人数的 43%（如图 5-3 所示）。不同年龄段的人的心血管疾病死亡率也不同，年龄越大，心血管疾病的致死率越高（如图 5-4 所示）。

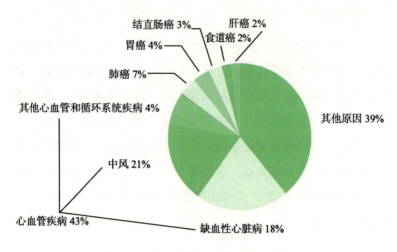

图 5-3　2019 年我国各种疾病死亡占比

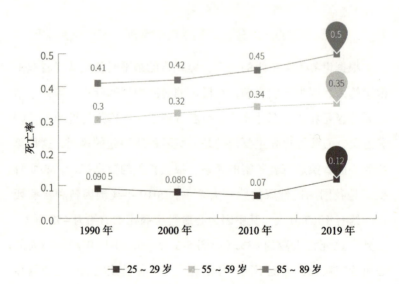

图 5-4　不同年龄段的人心血管疾病死亡率

除了心血管疾病，熬夜、过量饮酒以及情绪过于激动都可能增加猝死的风险。有研究表明，每天睡眠时间在 6.5~7.4 小时的人群死亡率是最低的，而每天睡眠时间低于 4.5 小时或者是高于 9.5 小时的，则死亡率会倍增。据统计，以"90 后"为代表的年轻一代，熬夜人群占比明显高于较之年长的人群（如图 5-5 所示），90% 的年轻人猝死都与熬夜有关。而愤怒情绪也会导致疾病的突发，有数据显示，当人们处于愤怒的情绪当中时，心脏病发作的风险是平时的 4.7 倍，而脑卒发作的风险是平时的 3.6 倍。[⊖]

人有时候就像一根弹簧，不宜过紧，不宜过松，劳逸结合，保持身心平衡才是最健康的生活方式。

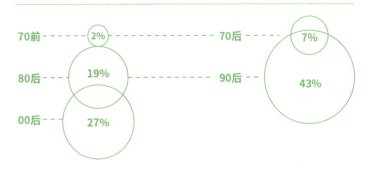

图 5-5 各年龄段熬夜人群占比

资料来源：《新京报》。

⊖ 资料来源：中国医学网数据。

2. 当代社会的年轻人，如何配置自己的保险最为合理

当代社会的年轻人，在踏入职场时往往是血气方刚、一腔热血，但渐渐地，从精神到身体都倍感压力，在这样的情况下，年轻人该如何选择才能给自己一个全面的保障？

年轻人要了解自己的优势，作为 20～30 岁的年轻人，身体状况正是最好的时候，年轻时购买保险保费就会比较低。结合自身实际条件，要得到较为全面的保障，可以选择"意外险＋百万医疗险＋定期寿险＋重疾险"这种组合，具体险种可以按照实际需求逐步添加。

第五节　寿险理赔实录三：为 1000 万元杀夫骗保，保险公司赔还是不赔

一、案例重现

相爱容易，相处难，婚姻是美好的，也是现实的。当配偶成了受益人，这可以是一种爱，也可能是一场阴谋。

陈先生和陈太太原本是一对幸福的夫妻，两人都有稳定的工作。陈先生是国企的文员，陈太太则是一名小学教师，两人育有一子一女。为了维持家庭的稳定运行，陈太太为家庭配置了不少保险，更为陈先生配置了完整的保险：意外险，重疾险，医疗险，还有定期寿险。

2015～2017 年，陈太太分别在 10 家保险公司为陈先生购

买了多份保险，保险金合计达到了 1000 万元，其中寿险保额就有 500 多万元，受益人写的都是二人子女的名字。

然而，这个小家庭的幸福生活从 2017 年陈先生沉迷赌博开始，逐渐走上了一条不归路。为了逃避工作和家庭的压力，陈先生整日沉迷在麻将室里，但越打越输，越输越打，到了最后，陈先生不知不觉中已经在各平台上欠下了上百万元的高额赌债，债主也随之找上了陈先生的家，影响到了一家人的正常生活。

2018 年 2 月，被债主逼得走投无路的陈太太在缴纳续期保费时，想到了解决自己燃眉之急的危险方法。次月，陈太太以离婚为由，约陈先生一同回老家一趟。在陈先生开着车路过一个水塘时，陈太太忽然伸手抢夺方向盘，导致车辆方向失控，连人带车冲进了水塘之中，而陈太太因为事前做了准备，落水后顺利逃脱。

2018 年 4 月，陈太太准备好理赔材料向各保险公司申请理赔。

2018 年 7 月，各保险公司理赔调查人员联合调查，最终查出这是一起杀夫骗保案件，投保人为了一对子女及还清夫妻共同债务，故意杀害被保险人，案件以一众保险公司拒赔结案。

二、案例答疑

1. 本案投保人为 1000 万元杀夫骗保，保险公司到底赔不赔

《保险法》第四十三条：

投保人故意造成被保险人死亡、伤残或者疾病的，保险人不承担给付保险金的责任。投保人已交足二年以上保险费的，保险

人应当按照合同约定向其他权利人退还保险单的现金价值。

受益人故意造成被保险人死亡、伤残、疾病的，或者故意杀害被保险人未遂的，该受益人丧失受益权。

本案中妻子为了偿还家庭债务，选择杀害身为丈夫的被保险人，这样的情况属于《保险法》中投保人故意造成被保险人死亡，保险公司可以不承担被保险人身故后的保险金责任，即本案以拒赔定论。

在定期寿险的保险责任免除条款中也有特别注明，以下原因导致被保险人身故或全残的，保险公司不承担给付保险金的责任：

1）投保人对被保险人的故意杀害、故意伤害；

2）被保险人故意犯罪或抗拒依法采取的刑事强制措施。

2. 定期寿险的道德风险有哪些

道德风险是每一个保险人都无法回避且必须面对的一个风险。道德风险指的是有些人为谋取自身利益而做出不正当的行为。从不同角度，我们可以将道德风险分为心理道德风险、事前道德风险和事后道德风险。

1）心理道德风险。这指的是与人的心理状态有关的一种无形的因素，是由于人的不注意、不关心、侥幸或存在依赖保险的心理，导致增加风险事故发生的概率和损失幅度的因素，例如，有些人买了车险后，就会忽视行车安全。

2）事前道德风险。保险可能会影响被保险人的防灾、防损措施，改变被保险人的行为。以本案为例，陈先生欠下高额债务，投保人陈太太为了自保，为了两个孩子就动了杀念，希望通过被保险人的身故保险金改变当下的困局，这个时候保险就出现了事前道德风险行为。

3）事后道德风险。个体在患病后相应的治疗成本是不固定的，这种风险突出体现在医疗险上，因为治疗的药物和方式也有便宜和昂贵之分，有保险的患者会下意识地择优选择最好的药品，哪怕这个药品是没有必要的。事后道德风险也可以体现在已知自己患有绝症的人为自己购买高额的寿险来获取保险金的风险行为上。

在道德风险的作用下，许多人都会选择依靠玩弄道德风险、用保险来解决眼下的医疗困局或金钱困局等问题，因此，在经济学中，将道德风险看作人们对医疗保健服务价格的需求弹性造成的经济激励机制的理性反应。

三、理赔流程要点

如果受益人为未成年人，身故理赔应如何申请？

本案的案件身故受益人为未成年人，按照《保险法》的规定，身故受益人为未成年人的，由监护人作为理赔申请人，帮助未成年人提交申请。此时需要提交的材料除了保险合同（纸质或电子合同）、保险金给付申请书、身故受益人身份证明复印件（出生证或户口簿）、监护人身份证复印件、监护人与身故受益人关系证明材料、身故受益人与被保险人的亲属关系证明材料复印件、索赔申请人银行卡，监护人还需要出具能明确事故性质、死亡原因的相关证明材料（医院或公安局出具的死亡证明、户口注销证明，火化或土葬证明）。

其他注意事项同"寿险理赔实录一"。

四、案例启示

1. 永远不要忘记婚姻的初心，两个陌生人从相识、相知、相爱，最后成为亲人的机会，难能可贵

根据通俗的对婚姻的定义，婚姻是男女双方在平等、自愿的基础上建立的长期契约关系。婚姻的本质是婚龄男女以夫妻名义在经济生活、精神物质等方面的平等、自愿结合，应取得医学、公序良俗、政治、民法等层面的认可，并以一种亲密或性的表现形式被承认，形成人际亲属关系的社会结合或法律约束。

从法律上看，婚姻作为一种法律约束关系，受《中华人民共和国民法典》的约束，婚姻中的双方应该按照《中华人民共和国民法典》履行婚姻当中的责任与义务。从日常生活的角度去看婚姻，婚姻就是两个陌生人从相识、相知、相爱，最后成为亲人的过程。婚姻以两性生活为基础，以共同生活为目的，共同生活一般情况下包括夫妻之间的性生活和夫妻间的互敬互爱。共同生活其实涵盖了精神的生活共同（互爱、精神的结合）、性的生活共同以及经济的生活共同（家计共有）。

本案中的杀夫骗保，追究其根源就是夫妻双方出现了精神生活无法共同，最后导致经济生活无法共同，一方为了生存发展对另一方起了杀心。从本质上说，这违反了婚姻的本质约定，是一方对另一方的背叛。如果丈夫一心为了家庭着想，努力工作，回归家庭，而不是被赌博所惑欠下巨额赌债，那么这一场悲剧就可以避免。

每段婚姻在开始的时候都是美好的，两个原本陌生的人通过婚姻的仪式和承诺，携手成为共度一生的亲人，古话说，"百世修来同船渡，千世修来共枕眠"，这都是难得的缘分。但永远不要忘记的是，婚姻不仅给你的生活带来美好，也需要你承担责任，尤其是在面对世间无穷的诱惑时，坚守初心，才能走到最后。

2. 保险就像是一把"双刃剑"，本质是保障人的生活健康，却还是会有不法之徒为了保险金违法犯罪

从保险的功用与意义上看，保险的好处是分担因意外事故或重大疾病、甚至身故导致的经济损失，是市场经济条件下风险管理的基本手段，是金融体系和社会保障体系的重要支柱。

保险从保障人生命健康、维护家庭财产安全的角度，是非常好的风险管理方式，但这样的管理方式还是会有逆选择的出现，主要就体现在用违法犯罪的手段骗取保险金的行为。这样的行为除了本案的杀夫骗保，还包括故意制造事故骗取保险金，甚至通过自残、自杀骗取保险金等，国家针对骗保的行为也制定了相关的法律，任何情况下，任何违法犯罪骗取保险金的行为都是不被允许的。

第六节 寿险理赔实录四：银行保安中枪导致全残，寿险怎么赔

一、案例重现

在常识之中，一个人的生存状态要么生，要么死，但是在医院

的 ICU 中，却有很多人处在一种特殊的状态。想象一下，如果一个人全残，成了植物人，那么这个人的世界又是怎么样的呢？

刘先生是银行的保安，2013 年 3 月，他为 30 岁的自己购买了一份增额终身寿险，保额为 50 万元，保费为 5324 元 / 年，该终身寿险附带全残责任。2015 年 8 月，刘先生在进行保安工作时遭遇了劫匪，五个劫匪携枪闯入银行并开枪打伤了刘先生。虽然子弹穿过了刘先生的背部脊髓，所幸在抢救之后刘先生还是保住了性命，但不幸全残，下半辈子只能在床上度过。

在病床上躺了 3 个月之后，刘先生想起自己购买了一份有全残责任的终身寿险，刘先生提供残疾证及相关理赔材料至保险公司审核。

2015 年 12 月，保险公司经过调查核实无误，结案赔付保额 50 万余元全残保险金，理赔至此结案。

二、案例答疑

1. 寿险是不是只有身故才能赔付

寿险包括终身寿险和定期寿险，但保障内容主要包括意外或疾病导致的身故或全残。寿险产品一般伤残不予理赔，高残和全残是予以赔付的。寿险产品的保险责任简单直接，部分寿险保险产品还有豁免责任。

就本案而言，刘先生因中枪导致全残，符合寿险全残责任，保险公司是予以赔付保险金的。寿险的保险责任虽然简单直接，但也并非身故才会赔付,全残或者高残也是予以赔付的,甚至有些终身寿险约定被保险人达到一定年龄(如100岁)时,被保险人依旧生存的状态下,保险公司也按照约定保额给付生存保险金。

通过分析,我们看到,其实想要获得寿险保险金,并不是只有被保险人死亡这一个选择,具体要看保险合同的约定。

2. 寿险对职业是否有限制:"高危职业"是否能购买寿险

一般来说,保险公司会将职业按照1~6类进行分类,1类职业风险最低,6类职业风险最高。1~3类为低风险职业,一般指办公室类的内勤人员或个体老板等劳动风险系数最低的人群。4类为中度危险职业,比如外卖小哥、快递人员等一般都属于4类。5~6类为高危职业,比如警察、消防员、化学药师等,危险系数较高,从事高风险职业的人员想要购买保险,很多险种都是不予以承保的。

寿险是各类人身保险中对职业限制最为宽容的一个险种。相对于医疗险、意外险,寿险能否投保受职业风险的影响就比较小,职业风险等级影响的是寿险的保费增加或减少的问题。

目前,市场上绝大多寿险产品都能承保1~4类职业,对于5~6类职业里面的部分职业有所限制,但部分互联网寿险产品是可以直接承保1~6类职业的,这归根于寿险产品简单而直接的保险责任,所以寿险对许多高危职业而言都是相对比较友好的产品。

本案的刘先生作为银行保安,他的职业就属于高危职业,一般意外险和医疗险都是拒保的,但是他能够购买增额终身寿险,正是因为他购买了这份寿险,这一次的事故才不至于让他的家庭雪上加霜。

三、理赔流程要点

1. 全残理赔申请，应该收集哪些资料

全残理赔申请需要准备的材料有：保险合同（纸质或电子合同）；保险金给付申请书；索赔申请人本案即保单的被保险人身份证复印件；索赔申请人银行卡；因本案索赔申请人与被保险人为同一人，故无须提供亲属关系证明材料复印件；就本案来说，被保险人还是生存状态，理赔申请应由保单生存受益人申请，如被保险人因全残无法申请理赔可委托他人代办；能明确事故性质的证明材料（医院或公安局出具的意外证明）；能明确意外伤害程度的一些资料，如果被保险人发生意外伤害导致伤残，自意外伤害发生之日起180天内，应进行残疾等级鉴定，由司法机构或是三甲医院出具《伤残鉴定书》。

2. 工作期间发生全残事故，劳动工伤保险如何赔付？劳动保险赔付后，寿险是否还会赔付

一般劳动保险即我们平常说的工伤保险，工伤保险的理赔有一个非常重要的定义，那就是对工伤的定义。一般而言，工伤是在工作时间内因工作原因发生的意外事故或疾病事故。

以本次案件为例，银行保安刘先生在工作时间因安保工作发生的事故导致全残即符合了工伤保险的理赔标准。因工伤导致的伤残根据伤残等级的不同，赔付的金额也会不同，各个城市的医

疗保险缴纳的费用不同，工伤保险赔付的标准也各不相同。

根据人身伤残评定标准，伤残等级分 1 ~ 10 级，1 级伤残最重，10 级伤残最轻，由重到轻一般按照比例赔付，1 级伤残全额赔付即 100% 赔付，10 级伤残一般按照 10% 赔付，依此类推。

一般工伤保险的赔付，分为四个部分：一次性伤残补助金、一次性工伤医疗补助金、一次性伤残就业补助金、每月伤残补助金。以本案为例，刘先生因工伤达到 1 级伤残，可以领取到约 21 ~ 27 个月的本人工资，加上每月伤残补助金（75% ~ 90% 的每月工资），每月伤残补助金可领取至退休，退休后领取国家发的养老保险金。

工伤保险的理赔金属于国家劳动保障保险，个人购买的寿险属于商业保险，两者不冲突，刘先生在工作期间发生工伤事故，既可以申请工伤保险金，也可以同时申请寿险全残保险金。

四、案例启示

生活当中风险无处不在，如何合理配置保险对人的生活非常重要。

风险是生产目的与劳动成果之间的不确定性，这种不确定性具体表现在风险不知何时发生，以及风险的发生会给人带来哪些损失。正是因为这种不确定性的存在，才有保险存在。广义的风险是风险产生的结果，即可能带来的损失、获利或是无损失也无获利。狭义的风险是表现出损失，没有从风险中获利的可能性。所以，如何运用保险来防范不幸事件的发生，保证人的生活不受风险所掌控就变得十分重要。

1. 买保险前需要了解什么

我们首先应该了解自己的个人收入情况或者家庭收入情况，保险是能够提供保障、抵御风险的，但缴纳保费不应该成为个人或者是家庭的经济负担，一般而言，总保费支出占家庭年收入的 5%～10% 是比较合理的。购买保险前应根据个人的家庭结构、工作收入、负债情况、资产情况、合理预算、健康情况、职业风险等因素去选择。

2. 以本案刘先生为例，如何配置

刘先生作为三四线城市的一个银行保安，年收入为 10 万元左右，30 岁的年纪，未婚未育，身体健康状况良好，那么他配置的保险，年保费就应在 5000～10 000 元。刘先生的家庭结构比较简单，主要家庭开销应为赡养父母和一般生活费用，但由于其职业为高风险职业，很多意外险和医疗险都是拒保的，所以刘先生首先应为自己配置的保险是一份保障身故和全残的增额终身寿险。

考虑到人的一生存在很多可变因素，随着薪资的调整、工作岗位的转变，其实配置保险也是可以转变的。案例中的刘先生虽然当时是一个银行保安，但如果他从银行保安转变为一个内勤人员，他就可以为自己补充配置意外险和医疗险，薪资调整以后，他还可以购买重疾险或年金险。

第六章　车险
这样做才能快速解决问题

第一节　有人受伤了，请保持冷静

某日，周小姐下班开车回家的路途中，在离家不远的某个转弯处不小心剐蹭到了正在路边行走的李先生父女。周小姐连忙下车查看，见李先生并无大碍，李先生女儿的膝盖肘有些轻微的擦伤。

周小姐一时心急想要送小女孩去医院，因此没有及时报警。将被剐蹭的李先生父女二人送至医院治疗后，医生给小女孩开了点药，嘱咐她回去擦擦药就行。

周小姐支付完医药费以后，还真诚地向父女二人道歉，并拿出 500 元作为赔偿。但没想到的是，李先生突然变脸，拉着周小姐不准她走，要求周小姐赔偿他们 10 000 元"精神损失费"。

这种赤裸裸的讹钱行为周小姐当然不愿意接受，可事后赶来医院的李先生的家人"围攻"周小姐，逼着她赔钱。

如果你是周小姐，你会如何应对呢？

是坚决拒绝对方的无理要求，还是息事宁人地认栽赔钱呢？相信每一位开车的朋友在这种情况下都会犹豫，一不小心，就会让自己陷入被人讹钱的尴尬境地。那么，为了避免自己陷入周小姐这样的境地，开车撞到人之后正确的处理方式到底是什么样的呢？

1. 报警、报案、送医

开车撞到人，购买的交强险就派上了用场，我们来了解一下交强险。

车险最常见的是交强险，是我国首个由国家法律规定实行的强制保险制度。交强险的全称是"机动车交通事故责任强制保险"，是由保险公司对被保险机动车发生道路交通事故造成受害人（不包括本车人员和被保险人）的人身伤亡、财产损失，在责任限额内予以赔偿的强制性责任保险。简而言之，交强险就是法律要求必须买的。

机动车在道路交通事故中有责任的赔偿限额：

1）死亡伤残赔偿限额：180 000 元人民币。

2）医疗费用赔偿限额：18 000 元人民币。

3）财产损失赔偿限额：2 000元人民币。

机动车在道路交通事故中无责任的赔偿限额：

1）死亡伤残赔偿限额：18 000元人民币。

2）医疗费用赔偿限额：1 800元人民币。

3）财产损失赔偿限额：100元人民币。

当然，如果觉得交强险的额度不够，还可以根据需要购买商业第三者责任险。商业第三者责任险的保险责任是这样的：保险期间内，被保险人或其允许的合法驾驶人在使用保险车辆过程中发生意外事故，致使第三者遭受人身伤亡和财产的直接损毁，依法应由被保险人承担的经济赔偿责任，保险人对于超过交强险各分项赔偿限额以上的部分，按照本保险合同的规定负责赔偿。

发生事故后第一件事是要看看对方（也就是第三者）受伤的情况。情况严重的不要犹豫，应立即送医，有时候，时间就是生命。

第二件事就是立即报警，等待警察。跟警察说明情况，积极配合交警的调查。同时拨打保险公司报案电话，查勘员可以帮助跟进理赔情况，减少纠纷。

2. 垫付医疗费用

送对方（也就是第三者）去医院就医，经常会遇到"住院押金"或"医药费谁来承担"的问题。假如车主和第三者双方能进行协商，第三者愿意负担一部分医药费，那当然更好；第三者不愿意出的话，车主还是可以先垫付一些，毕竟是撞伤了对方。

费用上也不用太担心，就算车主没有任何责任，交强险的无责任医药费用赔偿限额也有1800元，一般说来，车主被认定为有责任的情形是最多的，交警判责时会倾向于保护弱者。如果车主担心医疗费用的问题，可以少量多次进行垫付，这样既可以降低风险，也可以避免过度医疗。

假如医疗费用太高，可以考虑要求保险公司垫付医疗费用，保险公司垫付医疗费用一般需要提交两种资料：一是判定有责的交通事故责任认定书；二是诊断证明、已发生费用的清单，保险公司依据第三者的病情、已发生的费用在交强险医疗费用赔偿限额范围内垫付医疗费用。

3. 第三者提出"私了"该怎么办

有些时候，车祸现场会出现一些"谈判"的情况：第三者本人或其朋友、家人会和车主提出要求私下协商和解。那该不该私下协商和解呢？

假如伤情不重，对方的要求也算合理，你也不想浪费太多时间，那是可以考虑"私了"的。但是有一点很重要，即私下协商和解的金额保险公司是不赔的，因为这部分费用该不该赔，为什么要这样赔，保险公司难以判断。

另外，"私了"前我们也要谨慎一些，一般"碰瓷党"都喜欢"私了"，对方会不会有可能是传说中的"碰瓷党"呢？我们可以从这几个方面来看。

1）对方是不是不太愿意让你仔细观察伤情。正常受伤的人对于查看伤情肯定是非常配合的，如果对方不配合或者很敷衍，这就有些可疑了。

2）对方是不是拒绝报警、报案和送医。若是这样，就更可疑了，正常人车祸受伤，没有必要不配合警方、保险公司，对于送医更是会积极配合，甚至有些人并没有明显的外伤，也会出于担心去医院做个检查，安心一些。

3）对方是不是特别强调私了，不接受其他协商的方式，对整个处理流程非常的熟练。

如果对方真的可能是"碰瓷党"，该怎么办呢？这时候不要妥协，按照规则和流程来：查看伤情，拒绝私了，送医，报警，报案。

谨慎起见，即使你根据上述情形决定私了，放弃向保险公司索赔，我们还是建议你要求保险公司查勘事故现场、出具现场查勘报告，并由各方签字确认，因为不排除第三者存在自身潜在疾病，离开事故现场后又显现症状，这时存在交通事故具体参与度的问题，需要专业机构予以鉴定，而现场查勘报告有助于你向保险公司申请启动后续理赔事宜。

第二节　要申请理赔，应如何准备资料

随着机动车辆数量不断增多，交通事故发生的频率和危害也越来越大，发生交通事故，不可避免地要面对交通事故责任赔偿等问题。在理赔的流程中，最重要的就是准备好理赔资料，资料准备得越齐全、疑点越少，那么后续的赔付流程也就越顺利，也省去了我们三天两头补充资料、做无用功的精力。在这里就为大家分析一则交通事故责任赔偿的案例。

司机黄某在某财产保险有限公司深圳分公司为自己的小客车

购买了交强险和商业车险。2021年6月,黄某在驾驶小客车行驶途中与彭某驾驶的货车发生了碰撞,造成了彭某受伤,根据当地公安局交通警察大队的责任认定,黄某承担事故主要责任,彭某承担次要责任。

事后,彭某前往深圳某人民医院进行治疗,医生诊断黄某左侧股骨粉碎性骨折,同时伴有软组织挫伤。住院治疗30天的医疗费共30 000元,其中彭某自费费用1000元,保险公司支付10 000元抢救费用,黄某支付5000元。

治疗结束后,广东某法医临床司法鉴定所鉴定:彭某腿部活动受限,评定为九级伤残。同时,治疗期间以及遵医嘱卧床的三个月时间里,身为某公司职员的彭某无法从事正常工作,根据其每月11 000元的工资,他的误工费也需要纳入计算。

针对事故造成的这些花费和损失,不仅计算复杂,而且分清责任归属也非常重要,哪些是保险公司可以负责的,哪些又是黄某必须自己承担的,这些赔款又是如何计算的呢?黄某给保险公司报案以后,接下来就是准备一份详尽的理赔资料。

根据《最高人民法院关于审理人身损害赔偿案件适用法律若干问题的解释》,涉及的赔偿费用有这几项:医疗费、伤残赔偿金、住院伙食补贴、营养费、交通费、误工费、护理费、被扶养人生活费、精神损害抚慰金、丧葬费。

1. 医疗费用

医疗费,就是医院治疗花费的费用,需要提供的资料就是病历相关资料，常见的有以下几种：

1）门诊病历、住院病历。门诊病历，记得就诊的时候让医生提供；住院病历，可以出院后一周去医院病案室复印。

2）费用清单。就门诊而言若发票上有写明具体用药、治疗项目，那就不用打印；如果很含糊地写个"西药费"之类的，可以去收费处或医院的自助打印机上进行打印。住院的话，每天会给一个费用日清单，出院的时候最好能让医院提供一份汇总的"住院费用清单"，毕竟日清单很多项目都没有汇总，汇总以后自己也看得明白钱是怎么花的。

3）发票。核心就两点：医院收费章是一定要盖的，有的医院会疏漏；发票不要弄丢了，尽量提供原件。

4）社保结算单。交通事故的医疗费用一般不能报社保，假如个别地区可以报社保的话，是需要提供社保结算单的。什么是社保结算单呢？简单来说就是社保帮我们付了一部分，我们要有个结算单，能看清楚社保统筹帮我们付了多少，自己付了多少，哪些属于部分自付，哪些属于自费项目，起付线是多少等。社保结算单一般可以找医院医保办或者当地社保局获取。

容易和保险公司有纠纷的地方是以下几个方面：

1）治疗尽量用社保范围内的药物，尽量避免过度治疗。一则过度治疗对人本身也是伤害；二则保险公司对这方面抓得很严，因为这方面原因被拒赔的话，基本上没有申诉的余地。

2）续医费的计算方法。治疗结束后有时候还有一些后期手术、换药相关的花费。这个尽量让主治医生给出后续大致的治疗方案、预计的费用，可以作为续医费相关的证明提供给保险公司。

3）在这个案例里，30 000元均是合理花费，如果自费的是1000元，可以理赔的部分就是29 000元。不过，一般交强险医疗费用有责限额是18 000元，若没有购买商业第三者责任险，医疗费用这里就只能向黄某投保的保险公司理赔18 000元了，保险公司已垫付10 000元，交强险可再理赔8000元。超出交强险医疗责任限额的11 000元由黄某和彭某根据事故责任比例分别承担70%和30%。

2. 伤残赔偿金

如果伤情比较重，要考虑是不是达到评残标准。有些情况很明确，比如牙齿掉了多少颗、肋骨断了几根，那么直接按照保险条款里附带的伤残标准定级就行了，通常保险公司会对伤残等级予以预审并答复。如果答复不明确或第三者对此有异议，就需要进行伤残鉴定了。

伤残鉴定有两点需要注意。

1）鉴定机构的鉴定资质。比如对交通事故进行伤残鉴定，该鉴定所一定要有对应的资质，否则鉴定结果很可能不被保险公司认可。若不清楚机构是不是有鉴定资质，也可以联系保险公司，去保险公司指定的鉴定机构。

2）鉴定时间。一般来说，治疗结束后3～6个月进行鉴定比较常见，主要看受伤部位恢复的情况。有些情况下，如果鉴定得太早，后续受伤部位的功能有所好转，保险公司也是有可能要求重新鉴定的。

残疾赔偿金的赔偿标准是：住所地或者经常居住地城镇居民

人均可支配收入或者农村居民人均纯收入乘以伤残等级对应的比例，将赔偿标准乘以赔付比例，就得出了赔偿金额。假设这个案例中伤残鉴定等级为九级，根据深圳 2021 年城镇居民人均可支配收入为 64 878 元，伤残九级，赔付比例 20%，一共可获得残疾赔偿金 64 878 元 ×20×20%=259 512 元，交强险死亡伤残赔偿的限额是 18 万元，假如只买了交强险，那就只能向黄某投保的保险公司理赔 18 万元，超出交强险伤残责任限额的 79 512 元则由黄某和彭某根据事故责任比例分别承担 70% 和 30%。

3. 住院伙食补贴

住院伙食补贴一般是参照当地国家机关一般工作人员的出差伙食补助标准乘以住院天数。

在这个案例里，假设出差伙食补助标准为 100 元 / 天，那就是 100 元 / 天 ×30 天 =3000 元。

4. 营养费

一般说来，住院期间，如果医嘱提到要加强营养，保险公司会认可营养费的赔偿。营养费的赔偿标准有参考出差伙食补助标准的，也有参考当地居民平均生活费标准的 40% ~ 60% 的。营养费补偿时间，常规是按照住院天数，如果情况特殊，也可以酌情判断。

5. 交通费

交通费按就医或者转院治疗实际发生的费用计算。应保留好正规发票,票据应与就医地点、时间、人数、次数相符合。

6. 误工费

1)误工费的标准:有固定收入的,误工费按照实际减少的收入计算;无固定收入的,按照其最近三年的平均收入计算;像彭某这样不能举证证明其最近三年的平均收入状况的,可以参照受诉法院所在地相同或者相近行业上一年度职工的平均工资计算。

2)误工时间:误工时间一般按医院开具的全休证明,因伤致残持续误工的,误工时间可以计算至定残日前一天。

在这个案例里,彭某工资 11 000 元/月,误工时间为住院一个月和遵医嘱休息三个月,那么误工费就是 44 000(=11 000×4)元。

7. 护理费

1)护理费的标准:护理人员有收入的,参照误工费的规定计算;护理人员没有收入或者雇用护工的,参照当地护工从事同等级别护理的劳务报酬标准计算。护理人员原则上为一人,但医疗机构或者鉴定机构有明确意见的,可以参照确定护理人员人数。

2)护理时间:一般计算至护理人员恢复生活自理能力时止。常规住院期间的护理,保险公司都是可以认可的。若出院后仍需护理,保险公司会根据护理人员的生活自理能力进行判断。因残疾不能恢复生活自理能力的,可以根据其年龄、健康状况等因素确定合理的护理期限,但最长不超过 20 年。定残后的护理,应当根据其护理依赖程度并结合配制残疾辅助器具的情况确定护理级别。在这个案例里,假设护理人员的工资为 200 元/天,护理天数为一个月，那么护理费就是 6000（=200×30）元。

8. 被抚养人生活费

抚养人身故或丧失劳动能力，又有需要抚养的未成年人或丧失劳动能力的无其他生活来源的近亲属，是可以申请被扶养人生活费的。被抚养人有多个抚养人的情况下，只承担受害人依法承担的部分。

被扶养人生活费的计算标准，核心有以下几条：

1）每年的补偿标准参考当地上一年度的人均消费性支出或农村居民的人均纯收入。

2）被抚养人为未成年人的，计算至18周岁；被抚养人无劳动能力或其他生活来源的，计算20年，其中60周岁以上的，年龄每增加一岁减少一年，如75周岁以上的，按5年计算。

3）被抚养人有数人的，年赔偿总额累计不超过上一年度城镇居民人均消费性支出额或者农村居民人均年生活消费支出额，但各地已逐渐不再区分城农标准。

假设案例中的彭某（独生子）身故，有两个小孩和一个无劳动能力的老人需要抚养，那被抚养人生活费如何计算呢？假设老人由彭某独自抚养，两个小孩由彭某夫妻二人共同抚养，小孩分别是10岁、8岁，老人是62岁，分别需要抚养8年、10年、18年。当地上一年城镇居民消费性支出额为40 581元，所以被抚养人生活费为：

前8年：MIN[(40 581÷2+40 581÷2+40 581÷1), 40 581]×8=324 648（元）

第8～10年：MIN[(40 581÷2+40 581÷1), 40 581]×(10～8)=81 162（元）

后 8 年：MIN[(40 581÷1)，40 581]×8=324 648（元）

被抚养人生活费 =324 648+81 162+324 648=730 458（元）

超出交强险责任各分项限额的部分，由黄某和彭某根据事故责任比例分别承担 70% 和 30%。

9. 精神损害抚慰金

一般说来，侵权精神损害的认定是比较难的，很多保险公司倾向于通过诉讼解决精神抚慰金的纠纷，也有一些保险公司会根据伤残等级按内部标准进行赔偿。

10. 丧葬费

如果彭某因此次道路交通事故身故，保险公司还需赔偿丧葬费。

第三节 如何有效地和保险公司沟通

1. 报案环节

（1）为什么要报案

车主作为理赔申请人，在事故发生后，有义务进行报案，若因不及时报案导致保险责任无法核实，比如该案件现场已经完全破坏，无法核实当时的情况或无法判断保险责任，那么，肯定会影响案件赔付，甚至可能被保险公司拒赔！

（2）报案环节关注的点

1）简明扼要地说清楚事情发生的时间、地点和经过。

2）留下真实可用的联系方式。

举例：交通事故大致发生的时间是下午六点半，事故的地点是某省某市某交叉路口。事故的经过是：某车（车牌号）转弯撞到行人，行人受伤。已送某某医院就医，医院诊断为肋骨骨折，已花费医疗费用 50 000 元。

2. 调查环节

（1）保险公司为什么要调查

一般说来，保险公司会根据理赔案件的情况，定一个调查的标准。车险案件比较常见的是规定住院案件均要调查。

调查的目的主要是为了核实情况，确认保险责任。一般说来，住院调查会核实这几个方面的信息：

1）确认第三者的身份信息和事故责任认定书一致，不存在"张冠李戴"的情况；

2）确认第三者的伤情、诊断、目前的治疗方案，有条件的话可以跟主治医生沟通治疗情况和方案，了解伤情预后的情况以及后续可能的医疗费用；

3）了解事故发生的经过，看看是否和《交通事故责任认定书》、相关的事故照片一致。

（2）如何配合保险公司的调查

车主可以配合保险公司调查人员与第三者沟通，约好医院见面的时间。准备好《交通事故责任认定书》，等待保险公司调查人员上门。

（3）准备理赔资料环节

有些保险公司在准备资料的环节会有理赔人员和客户定期沟通，关于资料的要求及获取方法，可以详细地咨询理赔人员。有些保险公司只有客服咨询的通道，客服的回复一般比较标准化，沟通时不确定地方可以多核对几次。

3. 调解环节

第三者责任险，本质上说来是被保险人赔偿第三者以后，保险公司对于被保险人的损失按照保险条款的约定，转嫁被保险人相应的赔偿责任。

第三者人身伤害的事故处理，最重要的一个环节就是"调解"了。调解核心是被保险人和第三者对交通事故赔偿方案和金额的协商一致。

一般说来，第三者治疗结束，或者伤残鉴定结束，就到了"调解环节"。之前的资料准备，主要也是为调解环节提供对应的依据。

一些保险公司的理赔人员会主动介入被保险人与第三者、交警队的调解环节，这样四方可以快速地就调解金额达成一致，保险公司也会及早赔付，没有什么争议性。也有些地方交警队主导交通事故调解，有时会出现交警队主导调解的方案与保险公司理赔人员理解不一致的情况，如果两者差额比较大，会引发理赔纠纷甚至法律诉讼。我们的建议是交警队主导的调解方案在各方签订履行前，一定要与保险公司理赔人员确认无异议，这是最便捷的途径。